人物叢書

新装版

尾崎行雄
おざきゆきお

伊佐秀雄

日本歴史学会編集

吉川弘文館

尾崎行雄肖像 (昭和25年，アメリカにて)

演説中の尾崎行雄

昭和11年2月17日衆議院
における林内閣弾劾演説

尾崎行雄筆蹟

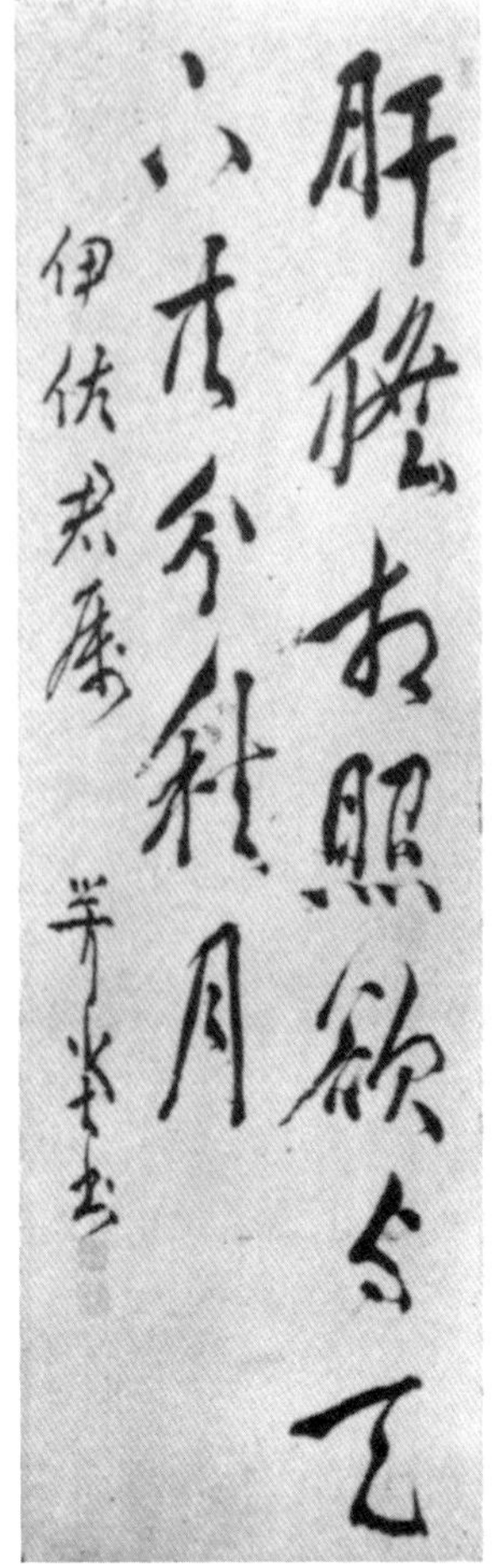

肝胆相照欲与天
下共分秋月
伊佐君属　咢堂書

はしがき

私が初めて尾崎先生に会ったのは大正十一年の夏、軽井沢の莫哀(ばくあい)山荘を訪ねたときであったから、先生が逝去した昭和二十九年十月から数えて三十三年前になる。この間昭和初期の二―三年間を除いて終始先生の側近にいたのだから、先生から大きな感化を受けたことはいうまでもない。

特に満洲事変勃発後の軍国主義の嵐に日本の議会主義がよろめきはじめた頃、私は「日本評論」に先生の談話筆記を掲載するようになって、先生の事蹟と思想に興味をもった。またいわゆる不敬罪事件で先生が起訴され、公判――秘密裁判であったが――に附されたとき傍聴を許され特に速記された貴重な公判記録も手に入ったので、伝記の執筆に取りかかった。その伝記は当時としては出版を憚らなければならなかったが、終戦後、A5判一四六六ページに達する『尾崎行雄伝』となって発行された。

尾崎先生は先生自身が優れた文筆家であったために、数十冊の著書のほかに『咢堂自伝』や『日本憲政史を語る』などの自叙伝があり、それらは全十巻の『尾崎行雄全集』(平凡社刊)や全十二巻の『尾崎咢堂全集』(公論社刊、私もその編集に参画した)などにおさめられているが、私はこれらの資料にもとづく尾崎先生の事蹟と思想と経歴に時代的背景を与え、明治以後の政治小史としても興味を以て読めることを目的として本書をまとめた。

私は十年前に出した『尾崎行雄伝』の序文に、「先生の真価が理解されるにつれて先生の声望はます〳〵高まるであろう。無論それは先生の死後何十年か後のことだろうが、私はこれを固く信じている」と書いたが、死後五年、早くも「尾崎記念会館」が建設された点から見ても、私の予想は案外早く実現しそうであることを喜んでいる。

昭和三十五年四月

伊佐秀雄

目次

口絵

挿図

第一　おいたち

一　家系

代々村長の家柄

尾崎行雄は幼名彦太郎といい、安政五年（一八五八）十一月二十日、神奈川県津久井郡又野村に生れた。又野村は現在津久井町に合併されている。生家は尾崎が三―四歳の頃出火で焼け、玄関の敷石と古井戸が残っただけだったが、先年この屋敷跡に自然石に「咢堂生れ地」（尾崎自身で書いたもの）と刻まれた記念碑と記念堂が建てられてた。

『津久井紀行誌』をひもとくと、又野の戸数は六十五、里正（りせい）は尾崎彦四郎、祖先の掃部頭（かもんのかみ）は北条の麾下（きか）に属し、牧野村に居る。伏馬田（ふすまだ）城がこれであり、北条氏から感状一通を賜う。寛保元年（一七四一）村内火災の時には、「彦四郎篤実奇特のこ

菩提寺と墓所

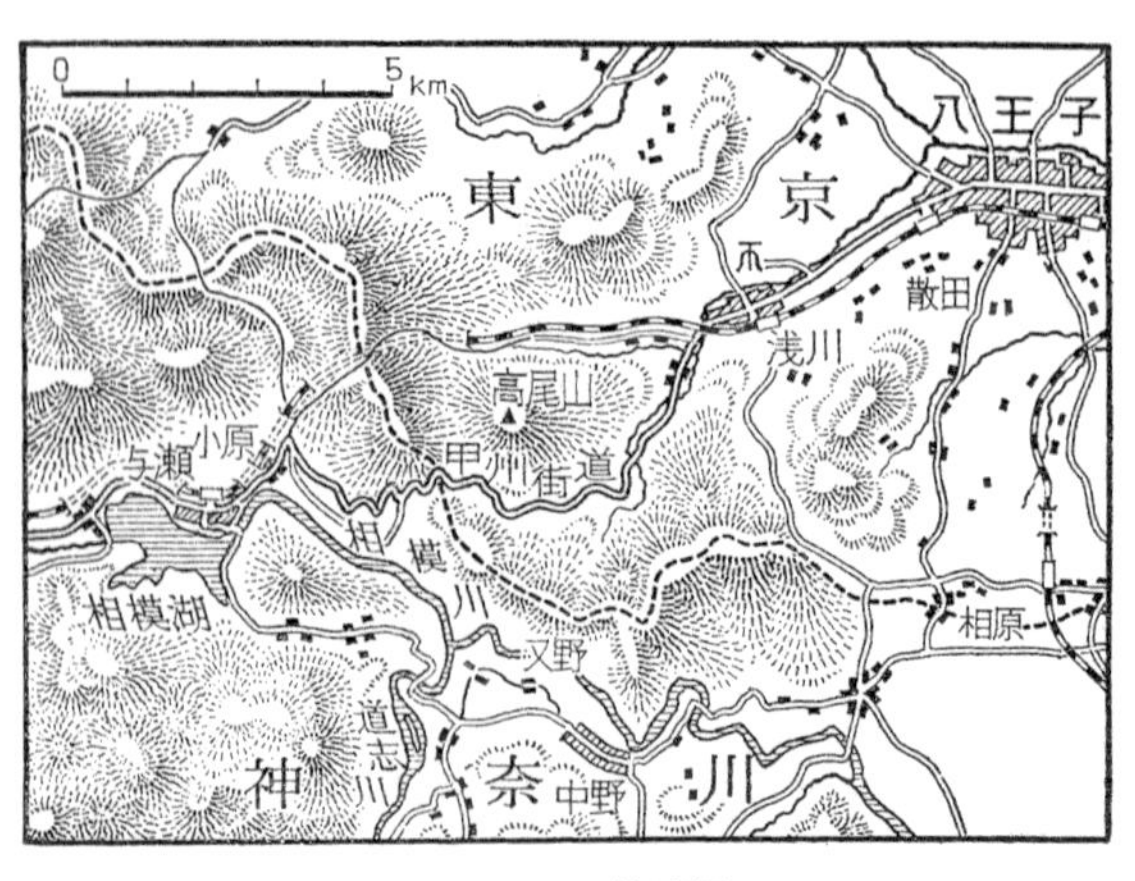

又野村（現，津久井町）付近図（昭和30年頃）

とあり」と記されている。また『新編相模国風土記稿』には、「尾崎家は天正十八年北条氏滅びてから又野に移り、累世相続いて里長となる。そして尾崎は小崎といわれたこともある」と書かれている。里正も里長もいまの村長格である。

尾崎家が累代又野村随一の名家であったことはこれらの記録によって明らかであるが、尾崎家の菩提寺は同村熊野山祥泉寺で、この寺には先祖代々の位牌があり、この位牌には「徳巖院殿雄宗浄行居士尾崎掃部守行永、元和八年歿す」とあり、またその夫人は「栄玄院殿昌林大姉、寛永五年歿す」とある。

尾崎掃部頭の墓石は祥泉寺の裏手にあり、その存在している場所や造り方から見て当時のものであることは疑いない。尾崎家累代の墓所は祥泉寺から数町隔っている尾崎家の屋敷跡の前方にあり、その墓所の傍らに掃部稲荷といわれる名ばかりの祠と鳥居がある。掃部稲荷はいうまでもなく、尾崎掃部頭を祭ったものである。

尾崎掃部頭の墓

祥泉寺に保存されている尾崎家の系図は墓記から作ったもので、その系図には行永の後は九郎右衛門となり、さらに彦四郎となり、尾崎の先代までは代々彦四郎を名のっていた。

尾崎家の伝説

尾崎掃部頭がどういう人物であったかは判らないが、相当な身分の人であったことだけは位牌の文字からも想像できる。というのは当時戒名に院殿という言葉をつけることは容易に許されなかったからである。尾崎家の屋敷跡の附近には和光という姓の家が数軒あり、これらの家は尾崎家の家来であったといわれている。

掃部頭行永以前の尾崎家先祖が住んでいたといわれる伏馬田城というのは牧野にあったが、その城跡一帯は現在尾崎ヶ原といわれている。尾崎家が伏馬田城を棄てて、又野村へ移住した理由などもはっきりしないが、尾崎の先祖は今川義元の家来で、武田信玄に攻め立てられて没落したといわれる。しかし著者が又野村を訪ねて聞いた古老の云い伝えによると、又野村に名主をしていた和光団左衛門源頼兼という人物が討首になったために尾崎家が移住したというのである。和光の討首になった事情はある時、火災で村全体が焼失すると、和光は専断を以て当時小田原領だった御料林を伐採して難民のために家を建てたところ、領主は時宜を得た彼の処置をほめたが、間もなく又野村は再び火災に見舞われたので、またも無断伐採をやったところ、今度はほめられるどころか、その専断を責められて、討首になり、一家断絶したというのである。

この口碑(こうひ)によると、尾崎家の家来の和光は名主だった和光家の一族であったわけであるが、仮にも一城の主から微々たる名主の後釜になり下ったのだから、又野村では随一の名家であっても、尾崎家としては没落したといえるであろう。『新編相模国風土記稿』にもあるように、尾崎家は天正十八年(一五九〇)北条氏が亡びるとともに、又野村に住まったとあるのは右の口碑と符合している。元亀・天正の戦国時代には一門一家の興亡常なく、些細なことから名主が討首になったり、城主が没落して名主になったり、さらに旧名主の一族を家来にするというようなことがあったとしても不思議はない。

二　時代的環境

尾崎のこの世に生を享（う）けた安政五年（一八五八）はわが近世史上有名な安政の大獄の行われた年である。安政から万延となり、さらにわずか七年のうちに文久・元治・慶応と、三度も年号を代えて明治となった。この七年間に起った内外の変革は過去数百年におけるそれよりも甚だしく慌（あわただ）しかった。

思想的混乱時代

この頃の特徴は攘夷と開国の思想的対立と、これに結ばれた朝廷と幕府の抗争であった。攘夷の血祭りに挙げられた米国大使館書記官ヒュースケンの暗殺に次いで、各地に排外的テロ事件が頻発（ひんぱつ）し、日本と諸外国との関係はにわかに緊張したが、ロシア人の対馬上陸、イギリス艦隊の鹿児島来襲、英・米・蘭・仏四国連合艦隊の下関砲撃などが相次いで起り、わが実力の遠く諸外国に及ばないことが事実を以て示された。

かくて攘夷思想に取巻かれていた朝廷もついに開国に転換せざるをえなくなったが、この大転換期において勤王派と佐幕派の暗闘が随所に生じ、佐久間象山・中岡慎太郎・坂本竜馬等の志士相次いで倒れ、この間再度の長州征伐、薩長連合の討幕盟約などがあり、慶応三年（一八六七）十月ついに大政奉還せられ、同十二月王政復古の大号令発布となり、鳥羽・伏見の戦いとともに、明治の新時代が開かれた。

思想混乱の理由

これを思想史的に見れば、安政の大獄から王政復古に至る十年間において、日本は封建主義から自由主義が芽生え始めたのであるが、この変化は上述の政治的変革を伴っているだけに、国民生活の上にも種々の変革をもたらし、それが思想的混乱に拍車（はくしゃ）をかけた。勤王という新思想と攘夷という旧思想が当然のことのように結びつき、旧思想に立籠っているはずの幕府が新思想たる開国に傾くというような奇観もこの思想的混乱時代の産物であった。

もっとも勤王派といい、佐幕派というも、極めて少数の先覚者を除いては格別信念に立ったわけではなく、情実因縁によって去就を決したに過ぎないと見るのが妥当である。したがって幕府が開国に傾いたのも開国思想に立ったためではなくて、外国使臣などと接する機会が多かったため、わが国が外国の実力に対抗できないことを知っていたというに過ぎない。

同様のことは長州（山口県）についても薩摩（鹿児島県）についてもいえるのであって、長州・薩摩の攘夷がにわかに開国に方向転換したのは、下関や鹿児島で戦って外国艦隊の威力を事実を以て見せつけられたからである。

平和の夢破らる

とはいえ激しい政治的変革とこれに伴う思想的混乱は当時の民心に影響するところ甚だしく、勤王・佐幕・攘夷・開国のいずれかに強く動かされ、風雲を望む当時の青少年はその好むところに従って活躍したのであった。殊に当時の知識階級たる武士は激しい国内の動揺に対して最も敏感であったから、それぞれ腕を揮うべき活舞台を求めて活動を開始したのであった。

京都や江戸を中心として捲き起された大変動の波が相模川や多摩川に沿う諸部落に押し寄せて来たのはずっとおくれてからであるが、勤王派と佐幕派の闘争は甲州街道筋をも戦場とするに至って、部落の人々の平和な夢を破り、血気盛んな青年の血を湧かし、かれらは鍬(くわ)や鋤(すき)を長剣に代えて、或いは勤王派に或いは佐幕派に応じて起ち上ったのである。その顕著な例は青年近藤勇が佐幕派に応じて三(さん)多摩(たま)(南北西の多摩三郡、東京都下)の壮士を率いて新撰組を組織し、忽ち中央に勇名を轟かしたことであるが、もちろん勤王派に応じて起った青年も少くなかった。尾崎の父行正はその一人で、彼は土佐の名将板垣退助の麾下(きか)に投じて村を飛び出したのである。

こうして尾崎は勤王志士の家に生れ、父行正をはじめ行正の同志として尾崎家に出入する様々な人物を通じて転換期の日本を経験しつつその幼時を育てられたのである。

三　家　庭

祖父と祖母

尾崎の祖父は祖先伝来の彦四郎という名を継いで又野村の名主をしていたが、嘉永六年(一八五三)十一月三日若くしてこの世を去った。彦四郎の在世中尾崎はまだ生れていなかったので、「祖父のことは風説に聞いたに過ぎない」といっていたが、その風説によると、彼は乱暴な人で、村全体と衝突し、家来の和光一族と親しくしていただけであったという。しかし他の風説によると、平生は優しいが、酒乱で、酒を飲むと刃物を振り廻して暴れたというのである。いずれにしても常人ではなかったことは確実であるようだ。

尾崎の祖母即ち彦四郎の妻となった人はその名をシゲといい、津久井郡小原村の本陣清水家から尾崎家に嫁(か)した。やがて二人の間には貞子という娘が生れたが、シゲは夫の乱暴に堪えかねて、ある夜尾崎家から逃げ出して夜道を歩いて実家に帰り、独身で暮す覚悟を固めて御殿女中に上った。ところが小原の隣村たる与瀬の本陣阪本家の当主が先妻に死別して独身でいたので、清水家に交渉し、彼女を後妻とした。

本陣というのは江戸時代に各街道の宿場(しゅくば)において諸大名が泊ったり休んだりした定宿(じょうやど)で、参勤交代にしばしば利用された。本陣と定められた家はそれぞれの宿場における格式を備えた顔役で、村民より特別に重く見られていた。

父行正と母貞子

母シゲの出奔の後にのこされた一人娘の貞子は間もなく父彦四郎とも死別し、ひとり尾崎家を守っていたが長ずるに及んで八王子附近の散田という部落の峰尾家から婿(むこ)を迎えた。この入婿は後行正と名乗り、尾崎は行正と貞子との間に長男として生れ、幼名を彦太郎と名づけられ、後に行雄と改名された。

父行正が入婿した頃、尾崎家は彦四郎の乱暴から村民との交渉も薄く、家計も乱れて生活にも窮するほどであったが、その上に行正は勤王浪士との交際で家を外にして飛び歩く日が多かった。

母の貞子は若くして父母に別れてほとんど教育も受けなかったが、家庭で自習したものと見えて、当時の村落なみの教養はあり、わがままで気の強い婦人で、自ら養蚕もやり、織物なども上手であった。

尾崎の父行正の生家峰尾家は漢方医を業とした。行正は天保九年（一八三八）九月に生れ、若い頃江戸へ遊学し、漢学者藤森弘庵の私塾に学んだ。この漢学塾は当時多くの青年をひきつけ、木戸孝允（たかよし）も塾生の一人であった。

当時は漢学とともに和学（国学）も勃興し、行正の朋友知己（ちき）中、和学に進んだものも少くなかったため彼も自然和学も学ぶようになり、短歌や長歌を作った。国学者落合直亮（なおすけ）（直文の養父）は行正の親友の一人で、かつ親戚でもあった。

慶応三年王政復古の大号令が発せられるや、行正は土佐の板垣軍に投じて会津征伐に赴（おもむ）いた。尾崎は母とともに父出陣後の家に淋しく暮し、時には父が殺されたという噂(うわさ)を聞き、毎晩のように父が殺されたり、殺されかけたりした夢を見たと当時を述懐していた。

病弱だった幼時

かくて維新の大変革は幼時の尾崎にも心理的に大きな影響を与えた。その上尾崎は元来病弱であった。若い母は何とかして尾崎を普通の子供のように丈夫にしようと思って種々手を尽し、その心配は並大抵(なみ)ではなかった。又野村にはもちろん、附近にも学校はなく、教師もいなかった。仮に学校があったところで、病身の尾崎は生命をつないで行くことに専念しなければならない状態であったから、勉強することは困難であった。

幼時このように病弱だった尾崎が九十五年も生きたほどの健康をどうして作りあげたかということは何人も不思議とするところであるが、これについて尾崎は、「私は病身であったから健康な身体になるために母の厳格な監督の下に病人として規則正しく生活しなければならなかったので、それが習慣となって一生自分で自分の身体には特別注意を払うようになり、頑健な人よりも長生きするに至ったのである。私の朋友知己のうちには健康を頼んで、身体を酷使したり、暴飲暴食したりしたために短命に終ったものが多かった」と語った。

後に弟や妹が生れたが、尾崎の幼時は全く母一人、子一人の淋しい生活であった。親戚はあっても数里も離れた遠方に居住していたから、訪ねることもできなかった。

第二　勉学期

一　漢学から英語へ

上京して漢学塾へ

尾崎は明治二年（一八六九）母に連れられて上京した。十二歳になったばかりであったが、又野村から十数里の道を歩いたのである。上京の目的は板垣退助の率いた会津征伐の土佐軍に加わっていた父行正が帰京していたので、久しぶりの父子対面をとげるためと、勉学のためであった。

このとき父行正は安岡良亮（よしすけ）の下に弾正台（裁判所のような役所）の役人になって、駿河台の土佐屋敷に住んでいた。安岡は勤王の志士であり、漢学者でもあったが、尾崎は学僕のつもりで安岡の屋敷に住み込み、彼から『七書』（七部の兵書、孫子・呉子・司馬法・尉繚子・三略・

（六韜・太宗問対）の講義などを受けた。

やがて行正が番町に転居したので、尾崎もそこへ移り、国学者として有名な平田篤胤の子鉄胤（かねたね）が開いていた平田塾に通った。しかし間もなく弾正台は廃止されて、安岡は高崎藩の知事として赴任したので、尾崎も父とともに高崎へ移った。

英語の勉学に入る

尾崎はここで初めて英学校に入り、初めて横文字を習い始めたが、これも長くは続かなかった。というのは安岡が度会（わたらい）県（後に三重県に合併した）に転任したため、尾崎の一家もこれに同行したからである。

しかし都合のよいことには高崎の英学校で教鞭をとっていた小泉敦という教師が山田に新設された英学校に招かれて転任して来たので、尾崎は引続いて英語を続けることができた。こうして英語の勉強に励んでいるうちに、尾崎は十五歳になった。

明治の新政府は着々整備されつつあったが、明治六年には朝鮮問題が起り、西郷・板垣・江藤らを中心とする征韓論と大久保・大隈らの非戦論とが対抗し、ついに征韓論敗れて、西郷・板垣・江藤は下野した。

これら下野した征韓論者はそれぞれ郷党を率いて、大久保・大隈らの率いる政府に強く反対することとなったが、彼らも武断派と文治派とに分れ、武断派は武装蜂起を企て、文治派は自由民権運動を起すに至った。明治七年二月佐賀に勃発した叛乱や明治十年の西南の乱はその代表的なもので、江藤や西郷はこれにまき込まれて一命を棄てた。

明治２年上京の頃の尾崎行雄
(12歳)（右は父行正）

これに対し文治派の運動

は明治七年一月十八日の民選議院設立の建白書となって口火を切り、いわゆる自由民権運動に発展し、政党の結成、憲法の制定、議会の設立というコースをとって進んだのである。

東京遊学を企つ

すでに漢学から英語への勉学に入って、多少西洋の知識を吸収した少年尾崎は激動する天下の形勢に深い関心を寄せるようになったが、殊に板垣らの建白書を読むに及んで、若い血潮の高鳴りをとめることはできなかった。彼の一生をつらぬいた民主政治への憧れはこの頃小さな胸の奥深くに芽をもったのである。

山田の英学校にも学ぶべきことは少くなかったが、尾崎は東京遊学の希望をもつようになった。その頃尾崎には行隆・行武の二人の弟があり、彼らとともに父母の膝下に暮すのは楽しくもあるが、その行動について小さい弟と同じように細かく父母から干渉されるのが厭でたまらなかった。尾崎が東京遊学に憧れたのは一つには父母の干渉から逃れたいためでもあった。

尾崎は父母に東京遊学を懇願したが、尾崎を全くの子供のように思っていた父は尾崎の懇願をなかなか聞き入れなかった。しかし尾崎がしばしば懇願するのでついにこれを許した。かくてこの年も半ばを過ぎた七月、尾崎は八歳年下の行隆を連れて、上京した。当時はまだ汽車が開通していなかったので、蒸汽船に乗って横浜へ着き、そこから汽車で東京に着いた。

尾崎が上京すると間もなく、安岡は熊本県令となって、伊勢を去ったので、父行正もこれに伴って転任し、一家は東西に分離した。父が尾崎の東京遊学を許し、小さい弟まで同行させたのは熊本転任が予定されていたためでもあった。

慶応義塾の沈黙生活

二　慶応の学生生活

尾崎は行隆とともに慶応義塾へ入学する希望をもっていた。慶応義塾は福沢諭吉の名声とともに日本一との評判があり、官立の学校よりも有名であったが、当時は入学資格なども厳しく詮議せず、誰でも入学できたからである。

しかし尾崎が胸を痛めたのは入学後のことであった。これは後から考えれば、取越苦労に過ぎないのであるが、当時の尾崎には大きな心配の種であった。

尾崎は漢学や国学は安岡や平田塾で学んで大分自信があったが、英語は高崎と山田で二年余学校へ通っただけであるから、有名な慶応義塾へ入って優れた生徒と一緒に机を並べたら自分の未熟を軽蔑されるに違いないと思い込み、それが心配でたまらなかった。東京遊学は愉快ではあったが、この心配は上京の船中でも眠れないほどであった。物事について、先の先まで心配する尾崎の癖は早くも少年期に始まっていたのである。

尾崎は心配でたまらなかったので、どうして軽蔑されるのを防ぐかを種々考えた結果、必要なことのほかは一切口をきかないことにした。口をききさえしなければ、自分の学力や智慧を人に見抜かれる気づかいはなく、したがって軽蔑されずに済むだろうというのが尾崎の考えに考えた揚句、ようやく思いついた最良の方法であった。

尾崎が特に軽蔑されることを恐れたのは、初め八歳も年下の弟と同じ最下級に編入されたためでもある。つまり尾崎は劣等感から沈黙生活に入ったのである。こうして十三－四歳から十歳以下の子供がワイワイ騒いでいる中に尾崎はただ一人一言もしゃべらず黙りこくっていた。

傲慢心を起す

ところが授業を受けて見ると、尾崎は他の生徒とは比較にならないほどよく出来た。もともと格外に低い級に入れられたのだから、それは当然でもある。そこで一ヵ月も経たないうちに教師は一級引上げてくれたが、それでもまだすぐれて出来るので毎月昇級し、時には一ヵ月に二度も昇級させられることがあって、忽ち上から二番目の高級生になってしまった。

こうなってはもう他の生徒から軽蔑される心配はなく、したがって無言生活はやめてもよさそうなものだが、尾崎はやはりそれを続けることにした。今度は他の生徒から軽蔑されるのを防ぐためではなく、逆に他の生徒に対する優越感からである。つまり自分の方が優勝者であるとの自信から傲慢心を起し、劣等な連中とは口をきく必要がないと考えたのである。

のみならず尾崎は傲慢心を満足させるもう一つの方法として教師いじめを始めた。教室で教えられるよりも上級の書物を買入れて独習し、教師にも解りそうもないことを次ぎ次ぎに質問して教師を困らせた。これは一つには「おとなしくしていても昇級させるのだから、教師をいじめて困らせてやったらなお早く昇級させるに違いない」と思ったからでもある。

尾崎の計画はうまく図に当って、教師は一つには困却のため、二つには尾崎の学力を認めたため、昇級させてくれた。後に尾崎はこれを後悔したが、このために読書力が進み学力が増したことは事実である。こうして尾崎は入学後一年も経たないうちに最上級の生徒になったので、全校生徒の注目をひくようになった。

二　意地っ張りから退学

これらの事実からもわかるように、当時の慶応義塾は福沢諭吉の方針によって一種の天才教育を行い、試験の成績により、または教師の認定により一時に何級でも昇級させたのである。

福沢に認められる

福沢は全生徒を講堂に集めて訓示を与えるぐらいで、直接生徒に講義することはなかったが、塾の経営に深く意を用いていたのみならず、生徒の教育にも熱心であった。特に天才教育主義から優秀な生徒を発見し、これを指導する方針をとり、全校の生徒中文章の書けそうなものに命じて、論文を提出させた。全校の注目を浴びていた尾崎はいうまでもなく、福沢にも認められた生徒の一人であったから論文の提出を求められた。

当時明治政府は新日本建設の熱意に燃え鋭意各方面から人材を集める努力をしていたためか、学校出の優秀な者は挙げて官吏に抜擢されるという傾向であり、学生も官吏になることを光栄と感ずるような状態であった。ところが尾崎は少年ながらも青少年のこういう傾向を慨嘆していたから、学校出の秀才は政府の役人などになりたがらず、自分で独立して行くべきものであるとの趣旨の論文を書いて提出した。

ところが福沢自身であったか、彼の代理であったか、「議論は甚だよろしいが、それを実行するものがない」という評語をつけてこの論文は戻された。評語の意図は単に一般世間の風潮を批評したに過ぎなかったのであろうが、尾崎はこれを見て「論ずるばかりで実行が伴わなければ駄目だ」と自分が嘲(あざけ)られたように感じた。尾崎は再び筆をとって、「自分はこの論文を書く以上は無論実行する決心である」と評者を反駁(はんばく)したような論文を書いて再び提出した。

そこで尾崎は卒業後直ちに独立できるような学問をしなければならないと考え始めた。常人の目から見ればこれは無意味な意地っ張りであり、少年の浅墓さの致すところであると見られようが、ともかく尾崎は真剣にこう考えたのである。

生来尾崎は意地っ張りであり、強情な性格の持主である。尾崎はその母について「気の強い我ままな一人娘であった」と述懐したが、そういう母の血はそのまま尾崎の血管を流れ、時々奔流のように噴出するのである。尾崎の長い政治生活を通じて、尾崎が自らこのような場面を展開したのをしばしば見るが、彼は端なくも論文問題で母と同じ血液の激しく身内にたぎるのを制することのできない境地に陥ってしまった。

染物屋志願に踏切る

ところで「独立して生活できるような学問」という問題に直面して考えて見ると、義塾で学ぶ法律・政治・経済などの学問では役人になるか教師になるか、何れにしても人に使われるより外に道はないように思われる。何としても自分はその方法を発見しなければならないと考え抜いた揚句、尾崎は義塾をやめて学問をやり直し、染物屋になろうと決心した。

しかしこの染物屋志願もその動機はいかにも尾崎らしい夢からであった。彼の染物屋志願は常人のように単に独立の生計を営もうとして考えたのではなかった。当時読んだ書物のうちにクリミヤ戦争に行った英仏軍中、悪い染料で染めた靴下をはいていたために病気になったものが多いということが書いてあったのを読んだのと、当時の輸入染料が色がさめ易くかつ粗悪であると聞いたのが尾崎の染物屋志願の動機である。尾崎は立派な染物屋になって染料を改良し、色がさめないように、また身体の害にならないようにすることは国のためであり、自分が独立して生活する一つのよい趣向でもあると考えた。

心に決めるとすぐに実行せずにはいられないのが尾崎の性格である。こうして尾崎は慶応義塾を退学した。在学わずか一年半に過ぎなかった。

四　工学寮生活

工学寮へ入学

染物屋志願に踏切った尾崎は工学寮への入学のためまず予備校へ入り、数学や理化学などのにわか勉強もやってから試験を受けたところ、幸いに入学を許された。もっともそれには多少情実も加わっていた。というのはその頃福沢の邸内にショウ（Show）という宣教師が住んでいて、尾崎は彼から英語と高等数学を学んだが、彼がたまたま工学寮の事実上の校長ダイヤー（Diyer）と知合いである関係から特別に紹介してくれたからである。彼は後に軽井沢を避暑地として世に紹介した最初の人である。

工学寮は後に工部大学校と改称し、現在の東京大学工学部の前身である。当時は虎の門にあり、校長は後に学習院長となった大鳥圭介であったが、経営も授業もすべて西洋人委せで、教頭のダイヤーを初め教師は全部英国人であった。

こうして尾崎は日本一の染物屋にでもなれそうな工学寮に入学し、一生懸命に勉強するつもりであったが、もともと理化学などが好きなわけではなく、ふとした行掛りからこうなったに過ぎないから、忽ち厭気(いやけ)がさして来た。勉強が厭になっただけでなく、化学教室へ入って、いろいろな実験などさせられたり、薬の匂いなどかがされるのも耐えられなかった。それでも一旦決心して入学したのだから と思って無理に勉強したところ、病気になってしまい、学校の病室で起臥する身となった。

投書論文に熱中

当時工学寮では毎晩全校の生徒を大食堂に集めて、二―三時間ダイヤー教頭監督の下に勉強させるのが常例であった。尾崎も病室にいないときには仕方なしに食堂へ行ったが、そこで学科の勉強をすることは苦痛でたまらなかった。といって何もせずにいれば叱られるから一策を案じ勉強時間には論文を書いて新聞に投書することにした。

尾崎は毎晩学科とは全く縁のない論文を書いているのだが、ダイヤー教頭は西洋人のことだから何を書いているのか解らず、翻訳でもしているのかと思ってほめてくれたこともしばしばあった。

「討薩論」を書上ぐ

こうして教頭の目をごまかしながら書き上げた長い論文は薩摩(鹿児島県)の横暴を攻撃したものであったから、尾崎はこれを「討薩論」と題し「楠秀」という筆名で曙(あけぼの)新聞へ投書したところ、堂々と掲載された。曙新聞は日日・朝野・報知と並んで東京の四大新聞とされていた。

当時薩摩は征韓論で下野した西郷隆盛が中心勢力を形成して政府の命令を肯(き)かず、さながら独立国の観を呈し、西郷は子弟を率い、私学校を建てて勝手な振舞いをしていた。政府も民間も心あるものは薩人の我ままな振舞いを憎み、これに対しては早晩何等かの処置を講じなければならないと感じていたが、西郷が下野したとはいえ薩摩の勢力は政府の要部に深く喰込み、殊に海軍と警察は全く彼らの支配下にあったうえに内閣の主要な地位を占める大久保利通は薩摩出身であったから、何人も遠慮してこれを口にするものはなかった。

処女論文好評を博す

多くの人のいうべくしていい得ない問題を明快に論じたこの「討薩論」は広く読者の共鳴を得、筆者が何人であるかも注目をひくに至った。これがキッカケとなって、尾崎は引続き新聞に投書するようになり、それらの投書はいずれも好評を博した。こうなってはもはや工学寮に止っていることはできなくなり、在学一年足らずで明治十年正月早々退学した。

尾崎が退学すると間もなく西郷は郷土の子弟にかつがれて兵を挙げた。これが西南戦争と呼ばれる大戦争である。尾崎は一-二ヵ月前に論じた自分の議論が実行されたような気がして、内心甚だ得意であった。後に尾崎の政治生活の重要な一ページをなした藩閥打破は早くも少年時代に始まったのである。

第三　文筆と舌の活動へ

一　翻訳と講義

早くも文名高まる

工学寮を退いてからの尾崎は大部分の時間を読書に捧げたが、その余暇には論文を書いて新聞に投書したり、英書を翻訳して出版したりした。新聞社や出版社から届けられる原稿料や印税は下宿料や小遣いを賄(まかな)うには十分であった。尾崎の処女出版は『公開演説法』という訳書で、この年の秋いまの丸善の前身たる書店丸屋善七から出版され、当時演説ということが漸く世間の注目をひき始めた頃であったから忽ち好評を博した。

また引続いて同年十二月にはスペンサーの著書の抄訳を『権理提要』という書

名で出版した。「権理」という訳語は後に「権利」と訳されるようになったが、その訳文の流暢（りゅうちょう）にして周到なる、いま読んで見てもわずか二十歳の青年の訳書とは思われない。とにかくこれらの訳書出版や時々各新聞に載る論文などで尾崎の文名は早くも世に聞えるようになった。

しばしば演壇に立つ

このほか後に新潟新聞の主筆となって東京を離れるまでの二年間に、ロジオン＝ウィリアム＝ドレーバー(Lodgeon William Draber)原書の『米洲聯邦治安策』上・中・下三巻を訳出して出版したり、福沢が興し、朝吹英二（朝吹は少年の頃極端な国家主義思想に陥り、福沢諭吉を暗殺しようとして彼に近づいたが却って魅せられ、その門下となったという経歴の持主で、後に三井に入り、実業家として成功し、尾崎や犬養とは終生変らぬ親交を続けた。）が経営した『民間雑誌』の編集にたずさわったり、当時慶応義塾や同人社と並んで三大義塾と呼ばれた本郷湯島の共勧義塾で英国史を講じたり、福沢の建てた三田の演説館へ行って演壇に立ったりした。

しかし論文や訳書の好評なのに反して、尾崎の講義や演説は極めて不評であった。これは「生来ノドが悪くて、声がよく出ないためであった」（『日本憲政史を語る』）と尾崎が述懐しているが、不世出の雄弁家として知られ、そのために却って文筆家としての名声は覆われているかの観ある尾崎の演説が初め不評であったというのは不思議であるとともに、彼がむしろ不得意な演説により却って不朽の名を成したのは、自らの短所欠点を反省と修養によってあくまでも矯正（きょうせい）しようと努めた撓（たゆ）まざる努力の賜（たまもの）であろう。

講義がヘタで排斥さる

とにかく尾崎の講義や演説は極めて不評であった。共勧義塾で講義をするとその生徒たちは、「先生の講義はわからない」といい出したので、内容がむずかしくてわからないのかと思って、講義を平易にしたのに生徒はやはりわからないといい、「先生の講義はユウレイ講義で語尾が消えてしまう」などといい出した。しかも生徒はいずれも尾崎より年上のものばかりであったから、若い彼をバカにしてついには排斥しはじめたので、講義もわずか五―六回でやめてしまった。

明治九年の尾崎行雄　(19歳)

しかし文筆家として名声が高まるとともに、講演や演説を依頼されるようになったからしばしば演壇に立った。こうして尾崎の演説も段々上手になり、文筆家としてだけではなく、演説家としても知られるようになった。『民間雑誌』の経営者朝吹の注文でハッピを着て演壇に立ったのはこの頃である。朝吹はある日尾崎に、『民間雑誌』の主催でハッピ姿で政治を談ずるという趣向の演説会を開こうといい出し、尾崎もこれに賛成したので、弁士はすべてハッピを着て演壇に立った。

賛成した手前、尾崎もハッピ姿で一、二度演壇に立たされたが、元来尾崎は容姿端麗、言語・応待は鹿爪らしい方であったから、ハッピ姿はまことに珍妙で他のハッピ連中から大いに笑われたためすぐやめてしまった。

朝吹のハッピ演説の提唱は、武士の出身にもかかわらず着流しで好んで平民の言葉を用いた福沢の亜流を汲んだものであるとともに、当時の風潮たる平民主義の一つの現われでもあった。

二　弱冠二十二歳の主筆

新潟新聞主筆となる

読書・執筆・演説などに多忙な日を送りつつ明治十二年（一八七九）を迎え、尾崎は二十二歳になった。ある日、福沢から用事があるといって来たので、何事かと思って行って見ると、彼は「新潟新聞の主筆に推薦した古渡資秀君が赴任後間もなく病死したので、その後任を頼まれている。どうだ行かないか」と勧められた。新潟新聞は地方新聞ではあるが、交通不便な当時は東京の新聞の勢力が及ばず、その地方で大阪の大新聞と対抗するほどの勢力を振っていた。この有力な大新聞にまだ二十二歳に過ぎない尾崎を推薦した福沢の英断も驚くべきものであるが、彼の目にも尾崎はこの大任を負うに足る人物として映ったのである。

尾崎は二つ返事で承諾し、やがて新潟新聞に赴任(ふにん)した。もちろん汽車はなく、人力車がようやく用いられはじめたばかりだから、これを利用し六日目に長岡へ着き、そこから船で新潟へ行った。

新婚旅行をかねた赴任の旅

随分退屈な旅であるはずだが、尾崎にとっては終生忘れることのできない楽しい旅であった。というのは尾崎は赴任を前にして結婚したので、赴任の旅は同時に新婚旅行でもあったからだ。結婚の相手は長崎生れの田中繁子という十七歳の少女で、当時の習慣に従い、父母から勧められるままに結婚したのである。

書生と間違えられた新主筆

主筆として新潟へ乗込んだ尾崎がまだ白面の青年であったことと、夫人が少女に過ぎなかったので、この赴任にはいまなお語り伝えられているエピソードがある。尾崎を推薦した福沢の名は天下に轟いていたから、新聞社の幹部や土地の有力者は新主筆に敬意を表するため、羽織袴に威儀を正して波止場に尾崎を出迎えた。ところが船から降りて来たのは若い青年と少女だったので、出迎えの人々は何かの都合で新主筆の到着はおくれ、まず随行の書生と女中だけを寄越したものであると思い込んだらしく、「尾崎先生はどこにおられますか」と聞いたものである。

尾崎は自分を迎えに来ているはずの人々からこの質問を受けてビックリしたが、すぐ自分が従者と間違えられていることに気がつき、「尾崎行雄は私です」と答えたが、一同はけげんな顔をしていたというのである。尾崎の名は当時すでに名士の列に加わっていたので、少くとも三十歳を越えた風采の堂々たる紳士であろうと想像していたので、こういう間違いが起ったのである。

初め新聞社の幹部は「福沢先生も大変なものを寄越したものだ」と不満だったそうだが、尾崎が署名入りで社説を書き出すと評判がよく、新聞の発行部数は日増しにふえて行った。

二十三年目に解けた謎

その頃新聞はニュースの報道よりも論説に重きをおいただけに、論説記者は社内に大きな勢力をもち、その主任たる主筆は名実ともに編集全体を指揮したのである。しかも尾崎は主筆というだけでは満足せず、はじめから「新潟新聞総理」と署名し、指揮権を営業方面にまで拡げて株主代表たる社長を更迭(こうてつ)させたりした。

尾崎はこのような横暴にも社内から何の苦情も出なかったのをよいことにして、改めなかったと同時に、これを不思議にも思っていたが、後にこれは全く福沢の周到な方策に基づいていたことが解り、大いに恥入るとともに、彼の偉大さを改めて認識したのである。

しかもそれは尾崎が新潟新聞を去ってから二十三年の後、当時社主だった人の息から社主に宛てた福沢の手紙を見せられて初めて解けた謎であったというのである。福沢は尾崎の才能を見抜いて主筆に推薦はしたものの、気の強い強情な尾崎がどんなことをするかいささか心配だったものと見えて、尾崎の性質から待遇法まで事細かに社主に指示したのがこの手紙であった。福沢は尾崎の腹の底まで見抜いて、尾崎が無事に新聞主筆がつとまるような方策を裏面で執った上で尾崎を推薦したのである。

三　帰京を促す幸運の手紙

尾崎が新潟へ赴任してから二年になり、早くも二十四歳の春を迎えた。自由民権論は天下を風靡(ふうび)し、国会開設願望運動はいよいよ激しくなって来た。中央では先輩や友人が先頭に立って活躍している有様が新聞を通じて報ぜられ、尾崎もじっとしてはいられないような焦燥感に駆られるようになった。

矢野から政府入りを勧められる

尾崎が越後の山々の雪を眺めながらこうして憂欝な日を送っていると、ある日彼を喜びに飛び立たせるような思いがけない幸運の手紙が届けられた。この手紙の差出人は矢野文雄（矢野は慶応義塾の出身で、一時塾の教師をしていたこともあるが、その後政界に転じ、大隈門下の第一人者といわれ、当時筆頭参議として飛ぶ鳥も落すばかりの勢威を示していた大隈の懐刀として、大蔵省書記官兼統計院幹事をつとめていた。また竜渓と号し、後に『経国美談』『浮城物語』『新社会』などの著書を世に問い、インテリ青年渇仰の的となった。）であった。何事かと思って封を切って見ると、政府に入ることを勧め、上京を促す趣旨が書いてあった。かつて義塾時代に官界に入ろうとする書生を軽蔑する論文を書き、そのために一時染物屋志願に転じた尾崎であったが、矢野からの勧誘には大喜びで応じた。尾崎は帰心矢の如く、数年前のことなどを考える余裕はなかった。

統計院権少書記官となる

無論当時も尾崎は自ら求めて官吏になろうなどとは全然考えていなかったが、矢野から勧めて来た官職は、官吏でも少し毛色の変った統計院権少書記官という新設の官職であった。統計院というのは大隈参議の案で設けられたもので、ここに各方面から人材を集めておき、国会開設の暁には、政府側に立って議員の質問に答えさせようとするものであった。

後に「憲政二柱の神」とうたわれ、尾崎と並んで政界の寵児となった犬養毅も尾崎と同格で権少書記官となった。犬養も義塾出身の俊才として聞えていただけに、これは世間の注目をひいた。『犬養毅伝』によると、犬養は当時東洋経済新報・交詢社雑誌などの執筆者として知られており、この就任については権少書記官の官等と待遇の点で不満をもったとあり、「先輩格の牛場も頻りに奨めたので、氏もそれならばと権少書記官で折れ合い、其の代り雑誌の方は今まで通り書いてよいという条件で任官したのである」と書いてあるが、尾崎はそういうことは全然念頭になかった。矢野の勧誘に応ずれば上京して先輩や友人と並んで活躍する機会が与えられると思っただけである。もっとも権少書記官の官職は二十四歳の青年には破格の地位と待遇を伴っていた。

四　幸運の因は『尚武論』

好評を続けた『尚武論』

矢野が一面識もない青年を抜擢して内閣に入れようとしたのは、尾崎が新潟新聞に連載して好評を博した『尚武論』が機縁となったのである。『尚武論』は尾崎が新潟へ赴任する以前に、当時海軍将校だった長谷川貞雄（後に貴族院議員となる）を介して頼まれて海軍士官相手に講演したもので、論説のタネがなくなったところから、これを思い出して連載し、引続いて出版したものである。

これは著書としては尾崎の処女出版で、その内容は国家の盛衰興亡は尚武の気象の有無によって決するということを歴史上から論じ、痛烈な筆を以て当時の時弊を衝いたものだが、出版後も好評を続け八年後に再版し、さらに数年後に三版を刊行したほど多数の愛読者があった。尾崎は後に軍縮運動の急先鋒となり、世間から「売国奴」と罵られるに至ったが、二十代には熱烈な強兵論者であった。

矢野はこの『尚武論』を手にしてこれに感服し、政府へ入れる仲間として尾崎を誘ったのである。犬養が推薦されたのも「報知」に連載された彼の西南戦争従軍記が矢野の興味をひいたためであろう。矢野は彼自身が文筆家だけに、文筆を通じてしきりに知己（ちき）を求めた。

思い出深い新潟の山々

こうして尾崎の新潟生活はわずか二年余で幕を閉じたが、それは公人としての第一歩であっただけではなく、独身生活から結婚生活への転機となったことも特記しなければならない。尾崎の妻となった田中繁子の生家は幕末の頃勤王開国の志士を援助したことで有名な家だったそうだが、繁子は叔母の藤子に養育され、若年の夫婦だけでは家政上困るので、藤子も尾崎家に同居した。

このように新潟生活は公私ともに尾崎に一大転換をもたらしただけに、雪深い新潟の山々は生れ故郷の津久井渓谷や六十三年にわたる議員生活と離すことのできない伊勢の山河とともに尾崎の胸に刻まれ、終生忘れられないものとなった。

尾崎は晩年、特に日中戦争勃発（一九三七）頃から太平洋戦争の終結（一九四五）に至るまで、スキー場として名高い妙高山麓池の平に佐々木久二（実業家で尾崎の長女清香の夫君）が営んだ旅館楽山荘の一角に常住したが、これは娘清香の熱心な勧説によるものとはいえ、一つには若い日の忘れ難い記憶とともに残る新潟の風物に懐しさを禁じ得ないためでもあったろうと想像される。

第四　政治活動に入る

一　喜びも束の間

大隈参議の声望と地位

尾崎が新潟から帰って統計院権少書記官という官職に就いたのは明治十四年(一八八一)の夏であったが、この頃政府は大隈参議の全盛時代で、矢野をはじめ大隈門下の政客が各省の要所要所に配せられて敏腕を振い、黒田・山県・伊藤ら薩長出身の参議連も大隈の勢威に圧倒されていた。

大隈は佐賀出身で薩長藩閥の外に立っていたが、明治十一年(一八七八)五月大久保利通が紀尾井(きおい)坂(東京都千代田区)で暗殺された後、財政方面における知識と経験において政府部内に彼に及ぶものなく、また民間に大きな勢力をもつ福沢などと気脈を通

明治14年の尾崎行雄（左）（22歳）

じ急進論者として声望高く、民権論者渇仰の的となっていた。

当時各省は内閣と分離していて有力な政治家は参議として太政官におり、各省には第二流と見られる人物がその長官として据えられ、一人の参議が各々二—三省ぐらいずつ監督する制度であった。大隈は外務・大蔵・司法・農商務の四省を監督し、参議中でも最も有力な地位を占めていた上に、国会開設準備のために設けられた統計院には大隈が総裁となることが予定され、前記のように矢野の人選で、各方面から俊才を集めていた。

明治十四年の政変

尾崎が帰京して矢野に会うと、彼は「明治十六年には国会を開く予定である。国会が開かれれば、国務の説明をさせる政府委員が多数必要であるから、いまのうちに民間の人材を抜擢して政府に入れ、二年間政治を練習してもらうのだ」（『日本憲政史を語る』）といった。

尾崎は少年時代板垣らの民選議院開設の建白書を読んで以来、民権論に深く意を傾け、新聞や雑誌に執筆した論文も多くは民権論擁護の立場から書き、すでに熱烈な民権論者であったから、これを聞きいよいよ実際政治に志を達成する機会が来たと思って飛び上るほど喜んだ。

しかしこうして前途に大きな希望を抱いて出仕したのも束の間、就任後わずか二ヵ月で尾崎の夢ははかなくも破れ去った。というのは尾崎が統計院に入った頃すでに政府部内には大隈参議排斥問題を中心として暗流が低迷していたが、明治天皇の東北巡幸からの帰還を待って表面化し、大隈は退官しなければならない羽目に陥り、矢野をはじめ彼の推薦で統計院に入った尾崎や犬養も辞職し、ちょっとでも大隈派と見られたものは一人残らず退陣を余儀なくされるに至った。

政変の大きな置土産

この大隈及び大隈一派の辞職を明治十四年の政変といい、近代政治史上征韓論における板垣・西郷らの退陣に匹敵する大事件とされている。なぜならば、大隈の辞職は国会開設の時期公布——十年後の実施——という大きな置土産を伴い、わが国の進むべき政治的方向に明確な目標を与えたからである。

ともあれこの突風的政変——それは薩長連合の陰謀で、原因は深く、かつ徐々に醸成されたものだが——に国民は驚いたが、同時に待望の国会開設について時期が明示されたことに大きな喜びをもった。

政府は野に放った虎ともいうべき大隈が不平のあまり、西郷や江藤の二の舞いを演ずるのではないかを懸念し、ひそかにスパイを放って彼の身辺を警戒したが、当の大隈は「罷免者の模範になる」といってグチ一つこぼさなかったので、漸く胸をなで下した。

ともかく野に下った大隈一派は政府が恐れたような策謀も企てなかったから、この政変は政治的意味の大きかった割合に平穏であった。

二　舌と筆の活動

大隈との関係深まる

すでに大隈門下に数えられていながらも、尾崎が初めて大隈に会ったのは、彼が官職を辞して悠々自適、連日多数の来客を迎えて気焔(きえん)をあげていた頃であった。またその頃は大隈の人気が彼の生涯を通じて絶頂であった。

尾崎が統計院に入ったのは七月末で、入ると間もなく暑中休暇になり、退官したのは十月半(なかば)であるから、実際の官吏生活は二ヵ月に足りなかった。しかしわずかな期間に過ぎないながらも矢野の勧めで政府に入ったことは尾崎の政治的立場をはっきりさせた。しかも大隈とともに退官したことは一層尾崎と大隈との関係を密接にするに至った。というのは大隈退官とともに彼をかついで、板垣らの自由党に対抗する新政党を組織しようという計画が大隈門下の人々によって進められ、尾崎もその相談に加わるようになり、大隈を訪問する機会も多くなったからである。

「報知」の論説記者となる

こうしてこの年も暮れて、明治十五年になると大隈一派の政党組織の準備も着々進んだが、矢野はこれに先立って「郵便報知」を買収し、大隈一派の機関紙とすることになり、尾崎は論説記者として入社した。尾崎とともに、犬養や森田文蔵（思軒）も入社し、論説記者は以前からいた藤田茂吉・箕浦勝人（みのうらかつんど）を加えて五人となった。政府委員となって野党の攻撃に立向うつもりだった尾崎は一瞬にして境遇一転し、在野の論客として筆と舌を以て藩閥の堅陣に挑戦することとなった。

一方政党組織の準備は進み、三月十五日に大隈を総理とする改進党が結成された。板垣を総裁とする自由党はすでに前年の十月二十九日に結党式を挙げていた

雄弁家の列に加えらる

から、ここに二大政党が勢揃いし、全国各地にも自由党系または改進党系の地方政党が続々生れた。

改進党の最高幹部は河野敏鎌・北畠治房・前島密の三人で、その下に沼間守一・矢野文雄・牟田口元学・春木義彰・小野梓の五人があり、党の中枢部はこれらの人々によって占められていた。尾崎はこれらの人々の下にあり、藤田茂吉・犬養毅・島田三郎らと同格で、第一線の活動の中心となった。勢い演説会などに党を代表して壇上から叫ぶ機会も多くなり、何時の間にか犬養・島田と並んで党内切っての雄弁家といわれるようになった。

雄弁家といわれるようになった尾崎はまた方々から演説を依頼されるようになり、ますますその雄弁を磨く結果となったが、尾崎としては無言の稽古こそしたが、演説などは習ったことはなく、といって天成の演説家でもなく、ただ必要から演説を続けているうちに、筆の人としてよりも舌の人として有名になったのである。

政府言論の圧迫を強化す

尾崎はこの頃本職は論説記者であるから毎日筆をとった。ところが政府の集会や言論に対する取締りは極めてきびしく、新聞が政党の機関紙として勢揃いするや、十五年六月三日には集会条令の改定、翌十六年四月十六日には新聞紙条例の発布、さらに同年六月二十九日には出版条例の改定公布というように漸次弾圧を強化した。特に報知新聞は改進党の機関紙であったため、政府の圧迫も強く、しばしば発行停止を命ぜられ、そのために発行部数はだんだん少くなり、営業的に引合わないようになった。しかし尾崎ら論説記者五人は新聞記者というより国士を以て任じていたから、いずれもお抱えの人力車で出入し、社の経営が引合おうが引合うまいが、そういうことは全然気にかけなかった。

当時の記者気質

論説記者に限らず、当時の新聞記者はみな気位いが高く、営業上のことなど少しも考えず、「武士は食わねど高楊枝」といった調子ですましていた。しかも新聞は政府や官吏を非難すればすぐ発行停止となり、編集人は体刑に処せられるので、やむなく入獄専門の編集名義人——苦学生か校正係程度の下級記者がこれに任じていた——を置いたが、これらの下級記者でも世間が「新聞屋さん」などと呼ぼうものなら、憤然として、その非礼を責めるという有様であった。

また当時の編集部員は営業上の利害を第一に考えざるをえない営業部員を眼下に見下し、ひたすら正論・理義を主張した。殊に尾崎ら論説記者は覇気満々、何時でも天下を取ろうという気持だから、その態度も横柄であった。

尾崎が書いた論文が因で「報知」は二週間・三週間、甚だしきは四週間も発行停止を命ぜられたこともあった。このように政府は在野党機関紙に発行停止を命じておいて、その購読者に御用新聞を配布した。こうして政党機関紙は早くも凋落しつつあった。

三　東京府会での活動

政党機関紙の凋落に次いで政党も落目になった。

自由党の解党、改進党の壊滅

藩閥政府が集会・言論に対するきびしい圧迫に加えて、自由・改進両党の離間策やら、一部の幹部に対する懐柔・買収などあらゆる手段を講じたことが凋落の主な原因であった。

元来藩閥打倒に共同戦線を張るべき両党が犬と猿のように争ったり、自由党総裁板垣退助や副総裁格の後藤象二郎が最も重要な時期に八ヵ月も外遊したり、言論活動をすてて直接行動で政府の転覆を図ろうとする陰謀が各地に起ったりして、政党の危機を早めた。

こうして自由党は結成以来わずか三年で明治十七年十月二十九日大阪に解党式を行い、改進党は大隈総理らの脱党という奇妙な結末で事実上壊滅した。自由党では星亨が唯一人解党絶対反対だったし、改進党では尾崎が最も熱心な反対論者であったのも奇妙である。

尾崎と星とは全く流儀の違う政治家であったが、性格には共通な点があった。特に両人とも読書家であったことや、頑として自説を曲げず、強情であったことなどは酷似していた。

東京府議になる

大隈総理らの脱党で意気昂らない改進党を守って尾崎は沼間や島田などと奮闘を続けていたが、翌年東京府会の改選が行われたので日本橋から推薦されて府会議員となった。尾崎は日本橋とは何の因縁もなかったが、政界に論壇に縦横の活躍をなし、すでにその名を知らないものはない名士であったから、日本橋の有志が尾崎を推薦したのである。当時の府会選挙は選挙区の有力者の推薦さえあれば当選するのが通例であったので、尾崎は立候補を承諾しただけで、演説会一つ開かずに当選した。

東京府会は明治十二年から開かれ、福地源一郎・福沢諭吉・河野敏鎌・沼間守一・鳩山和夫・増島六一・大岡育造・角田真平・高木正年・犬養毅らの名士が揃って議席を占めていたが、年齢資格が満二十五歳だったので、尾崎は第三回目の選挙に漸く被選挙権を与えられる年齢に達したのである。当選した時は三十歳で、府会では最年少者であった。

沼間の横暴に立向う

その頃議長の福地が疑獄の件で失脚し、沼間がこれに代って勢力を振っていた。特に彼は明治十二年以来府会に席を占めている古顔であるし、自派の議員が多数を占めていたので、幅を利かし、自派以外の議員をいじめ、殊に郡部は地方費の負担が少なかったから、郡部議員はまるで乞食でもあるかのように罵(ののし)られた。

沼間のわがままな振舞いと沼間派の横暴がカンに触ってたまらず、尾崎は新参ではあったが、いろいろ理窟を並べて沼間のいうことを聞かず、郡部議員の肩をもって彼を相手に喧嘩した。

そうすると郡部議員は喜び、尾崎をかついで反沼間派の統領にするつもりだったか、反沼間派の議員たちが自分たちの仲間から常置委員を選出するとき、尾崎をも常置委員に選出した。

沼間の発狂を企てる

府会をわが物顔に切廻していた沼間は尾崎のほかに一―二の郡部議員が常置委員に当選したのを見ると、烈火の如く憤り、直ちにこれを排斥すべく作戦計画をめぐらした。

それは沼間派の常置議員が全部辞職したのである。二―三の異分子を除いて常置委員が全部辞職すれば、尾崎らもやむを得ず辞職するだろうという積りであった。尾崎と特に親しかった犬養すら沼間に勧められて辞職組の仲間入りをした。ところが尾崎は少しも屈せず、「常置委員の仕事などは一人でもやって見せる」と豪語して辞めなかった。このように尾崎はどこまでも沼間に突っかかった。そのために随分いじめられたが、いじめられれば、いじめられるほど反抗した。

尾崎は沼間を脳病院に入れてやろうとさえ考えるようになった。その頃沼間は酒のために脳を煩(わずら)って、常に頭に氷袋をのせていたが、彼は他から反対されたことがないから、平生の傲慢(ごうまん)が増長して極点に達し、ちょっと人から反対されても、真赤になって怒り、怒ると酒を飲んでますます脳を悪くするという有様だった。

そこで尾崎は一週間も続けて反対したら、彼はきっと発狂するだろうという見込みで、機会さえあれば突っかかってやろうと決意した。しかしそれから間もなく尾崎は後に述べるように、保安条例で東京退去を命ぜられたのでこの喧嘩は終った。

第五　大同団結と保安条例

一　条約改正問題の経過

伊藤内閣、条約改正に乗出す

自由党は解党し、改進党は有名無実となって、政党運動は凋落したが、大きな政治問題としては条約改正問題が喧しくなって来た。

明治十八年十二月内閣制度が設けられたのを機として生れた伊藤内閣は、地方自治制の完成・財政整理・軍備の充実・法典編纂・教育制度の整備・殖産の振興・交通の発達等々重要問題を抱えていたが、そのうちでも最も重要問題とされていたのは条約改正問題で、伊藤もこれを重視し、井上(馨)外相を援けてぜひとも解決したいと考えていた。

一体条約改正問題は日本が世界から眼を閉じていた封建時代の無知な状態にあったとき、諸外国に強いられて手離した権利を回復しようというのであるから、文明開化をモットーとして進む明治政府の当然取上ぐべき問題であった。

当時の条約の欠陥は、第一に最恵国約款、第二に治外法権、第三に関税自主権の喪失などであり、概して条約自身が片務的であって、外国人・外国船舶が日本に来て通商貿易を営む権利や居住する権利を認めながら、日本人・日本船舶が外地に行ったときのことは別に明文に認められていなかった。

寺島外務卿の失敗

この問題は明治十一年外務卿寺島宗則が米国と交渉し、同年七月には改正条約の調印に成功し、双方批准を終えて布告までされながら実施するに至らなかった。それは英国が異議を唱えた上に改正案が治外法権の撤廃を伴わなかったので国内の反対が強かったためであり、寺島は強い非難を浴びて翌年九月ついに辞職した。

条約改正問題はその解決がむずかしいだけに、これを成し遂げようとするものの功名心を駆り立てたことと、それに伴う嫉視から妨害しようとするものが少くながったため困難が倍加されたであることはいまも昔も変らない。

薩長の内部抗争が失敗の因

当時の政界は漸く抬頭しつつあった政党勢力に対して薩長両派が一致して対抗していたが、薩長間には深刻な内部抗争があり、事毎に功名争いをやったり、互いに排撃し合ったりしていた。したがって寺島が薩摩出身であったから、彼に条約改正の大功を立てさせまいとして、長州出身者は種々の策動を行って国民の反対運動を裏面から助長した。

今度は薩摩出身の寺島に代って外務卿になったのは長州出身の井上であり、これを援助する伊藤も長州出身である。井上は寺島案が英国一国の反対によって破れたのを見て、在京各国公使を一堂に集めて会議を開き、一挙にこの問題の解決を図ろうとし、明治十三年七月改正案提示会議の開催を申入れ、十五年一月から東京に各国の条約改正委員を集めて改正の基礎条項を討議せしめた。会議は前後二十一回に及び、同年七月に完了したので、これに基づいて新条約草案を作成し、十八年四月これを各国公使に送達した。

井上案の大要は海関税の引上げを行い、治外法権の撤廃は明治三十七年以後に実施することとし、それまでは暫定的に変更することを主眼としたものであった。

二　鹿鳴館時代

改正問題に対する尾崎の態度

尾崎はかねて外人が日本人を軽蔑して、種々無礼を行うのに不満であったばかりでなく、政府要路の人々の列国に対する迎合的態度を嫌い、また日本人が朝鮮などの弱小民族にたいする軽侮（けいぶ）心をもっていることにもあきたらず、条約改正問題が起る数年前からこのような弊風を一掃しようとして筆を執り、また演壇で叫んでいた。

したがって尾崎の条約改正論は政府をして外国と対等な新条約を結ばせようと

いう意図をもっていたことはいうまでもないが、日本人の強国に対する卑劣な態度と弱国に対する軽侮の念とを是正するのが目的であった。たとえば明治十五年報知新聞に掲載された「条約改正容易なる耳（のみ）」と題する論文において彼は、「外人の我を軽侮賤蔑（せんべつ）し、暴慢無礼の行を為すは余の常に憤懣（ふんまん）痛嘆する所なりと雖ども、本邦人の劣国に対する行為を見れば強ち（あながち）外人の暴慢を責む可らざる者あり、我商賈（しょうこ）の朝鮮に在る者果して何等の挙動を為す乎（か）、本邦人中に在て最も卑屈と呼ばれ、官吏と聞けば唯だ平身低頭するの弊風ある商賈も、一たび朝鮮に入れば忽ち暴慢無礼の人と為り、或は党を組んで官衙（かんが）に迫り、或は瓦礫（がれき）を投じて朝鮮人を殴打す。其状幾（ほと）んど西人の我を軽蔑するに異ならず」と述べている。

尾崎はわが条約改正の要求を外人が忌避するのは彼等の私利私欲と日本人に対する蔑視観念から生ずるものであるから、当方は彼らの良心に訴うべく堂々と正義を主張するとともに、日本人の弱小民族に対する態度を改めなければならないとし、「本邦人の劣国を軽侮凌辱するの悪弊を除かざる可らずして之を為すこと容易ならざるなり」と説いた。

政府の条約改正案に対して強い反対運動が起ると、尾崎はその急先鋒となった。それは改正案が姑息・不徹底であったからでもあるが、伊藤・井上らの皮相な考え方から発した欧化政策に対する反感からでもあった。

政府の欧米模倣政策

諸外国がわが要求を拒むのはわが国内の文明状態が欧米諸国に比して著しく後れているためであると見た伊藤・井上らは、わが制度・文物はもちろん、風俗・習慣にまで欧米風を模倣し、各国使臣をしてわが国も欧米なみな状態にあると思わせようとして極端な欧化政策をとったのである。これは一部の識者から冷笑と非難を以て迎えられたが、彼らは真面目にそう考え、勇敢にこれを実行したのである。かくて世に鹿鳴館時代と呼ばれる無批判的欧米崇拝の一時期が現出した。

東京日比谷の一角に建てられた鹿鳴館と呼ばれる豪華な建物（元の華族会館）を中心

として内外・朝野の貴顕・紳士及びその夫人・令嬢らの交際に盛んに欧米模倣が奨励された。この政策は明治十九年の半頃から始まり、二十年の春に至って絶頂に達した。これを鹿鳴館時代という。

ついに中止を各国に通告

この欧化政策に国粋主義者が反対したのはもちろん、尾崎のような進歩主義者をも反対の側に押しやったのである。そこへ欧米視察の旅から帰国した農商務相の谷干城が突如意見書を提出して辞職し、これと前後して勝海舟の建白書や板垣退助の意見書が提出されたので、条約改正反対の国論は沸騰し、朝野の別なく、猛然立って井上外相にその中止を迫ったので、政府は窮地に陥り、七月二十九日を以て各国全権委員に向って中止を通告した。

三　藩閥政府反対の大運動

尾崎は条約改正反対運動の高まるのを見て、この機運を捉えて政党勢力の復活を図ろうとし、まず大隈に決起する意向があるかどうかを打診して見たが、彼は動きそうにもなかった。

後藤をかつぎ大同団結運動

尾崎は誰か中心人物を立てて、藩閥政府反対の戦線を統一しなければならないと考えて、秘かに人物を物色した結果、明治初年に板垣と並んで参議となって働いた後藤象二郎が閑地にあったのに目をつけ、彼をかつぎ出して、反政府の大同団結運動を進めた。

この運動は長く敵対していた旧自由・改進の両派が寄って計画が進められたので、世間の注目をひいたが、うまく行くはずはなかった。後藤の名で十月三日、在野の政客七十余名を芝公園の三縁亭に招き、この会合を「丁亥倶楽部」と名づけ、事務所を京橋区日吉町に設けたまではトントン拍子に進んだが、翌四日の浅草井生村楼に開かれた大懇親会には早くも星と沼間との大喧嘩が始まり、沼間は重傷する騒ぎが持上った。

そこで翌日開かれた両派合同の演説会には、改進党の弁士は揃って出席しないことを申合せ、沼間も医者に止められて欠席した。しかし尾崎だけは演壇に立ち、歓呼を以て迎えられた。

許されなかった天皇との会見

さて条約反対運動をどう進めるかということになって、まず後藤が天皇と会見して意見を述べるという手筈を整え、後藤を正装させて、十二月二日宮内省に赴かせたが、天皇に会うことは許されず、後藤は再度宮内省を訪ねたが、やはり目的を達せず、上奏文を提出しただけで空しく帰った。

そこで種々相談した結果、「後藤の引見が許されないのは、背後に国民的後援がないからである。最後の策として全国から三千の有志を東京に集め、これを後藤が率いて二重橋前に整列させた上で、会見を乞うことにしよう」(『日本憲政史を語る』)ということになり、早速実行にとりかかった。

ところが予定した日になっても、思うように有志は集らなかった。交通不便な頃だったからでもあるが、早く来過ぎるものやおくれて来るものなどで行違いができたり、そのうちに早く来たものは旅費がなくなって、宿料も払えないと訴える有様であった。それでも数百人集った。

四　冗談から飛んだ災難

後藤邸の酒宴で冗談

しかし暮も押しつまって来たので、各地から集った有志を何とか始末しなければならないというので、十二月二十四日夜、高輪の後藤邸奥座敷に主だった人々が集って善後策を講じたが、いい智慧は浮ばなかった。そこで尾崎が冗談半分に、「諸君に名案がなければ僕に一案がある」というと、一同思案にくれていたときであったから、聞き耳を立てた。

尾崎は「三-四十人で手分けして各所に石油カンでも積んでおいて火をつければ風のひどく吹く夜なら東京は火の海になる。そうすると各大臣は参内するに違いない。それを殺したければ殺すもいいし、軍用金が欲しいものは大蔵省の金庫を襲って取るもよかろう」（前掲書）というと、一座の面々は大笑いして「そいつは面白かろう」などと調子を合わせて痛飲し、何も決らずに別れた。

思いがけない災難

ところがそれから二日目の二十六日の朝、尾崎が東京府会の常置委員会に出席のため府庁へ行くと、委員の一人が官報を持って来て尾崎に見せた。それは「保安条例」と銘打って、全文七条から成り、「内乱を陰謀したり」「治安を妨害したり」するおそれあるものに対する厳しい罰則が示されていた。

尾崎は委員たちとともにこれを読んで、「平穏無事の今日こんなものをこしらえてどうするつもりだろう」と笑って駿河台の自宅に帰った。途中丸の内一帯に細い棒を立てて針金の線を張っているのを見たが、「妙なことをするものだ」ぐらいに思い深く気にも止めなかった。

ところがその夜柳橋の料亭の宴会に出て快談痛飲して帰宅すると、急に車が止

明治21年の尾崎行雄
（ロンドンにて，31歳）

って「待てッ」という声がした。車上に座睡していた尾崎はビックリして眼をさますと門前に黒衣の人が立ちそれは警官であることが酔眼にも分った。

警官は尾崎の姓名を聞いた上で、ポケットから書付を出して渡した。薄暗い門燈の光では「小川警察署」の五字だけしか見えなかったので、車を降りて玄関まで行って読んで見ると「即刻警察に出頭せよ」とあった。

東京退去を命ぜらる

深夜の署内は騒然としていた。召喚理由を聞こうとすると、署長は机上の書付をとって尾崎に渡した。見ると「保安条例第四条により、来る三十一日午後三時を期し皇城を距る三里以外の地へ退去を命ず」と書いてあった。その朝読んだばかりの官報号外が早くも適用されたのである。朝見た丸の内の針金工事は暴徒に備えた鉄条網だったのである。

前々夜の後藤邸の酒宴における尾崎の冗談が縁の下にひそんでいたスパイによって警察に報告され、こういう結果になったものであることが想像された。この災難に遭(あ)ったのは尾崎だけでなく、星亨・林有造などを筆頭として反政府の新聞記者、出京中の土佐人など五百余名に及んだ。

ともかく東京退去を命ぜられては当分政治活動はできないので、フト外遊を思い立ち、旅費を工面(くめん)するため早速友人知己の間をかけ廻った。幸い尾崎に対する同情もあって、旅費が集ったので翌年一月三十一日横浜を立って、アメリカへ行き、イギリスへ廻った。時に尾崎は三十一歳であった。

第六　尾崎と選挙

一　尾崎の選挙区

初の総選挙に三重県から立候補

尾崎はイギリスに滞在すること一年数ヵ月、明治二十二年(一八八九)十月十八日の大隈遭難の報に接して急いで帰国した。この年の二月十一日憲法が発布され、同時に東京退去命令は恩赦(おんしゃ)で解消された。

大隈の遭難というのは、井上外相の後に暫く閑地にあった大隈が外相として入閣し、間もなく総理大臣は伊藤から黒田清隆に代り、大隈は各国との個別交渉で条約改正に努力し、成功しかかったとき、反対派の暴漢から爆弾を投げられて重傷したのである。このためまたも改正問題は中止となった。

帰国した尾崎を待っていたものはわが国最初の総選挙であり、それは翌年七月一日山県内閣の下に行われた。尾崎は父行正が役人をやめてからも故郷の又野村へは帰らず、宇治山田（現在の伊勢市）の郊外に土地を求め、全く三重県人となって、ここに余生を楽しんでいた縁故をたどり、三重県から立候補した。行正は尾崎が慶応義塾へ入った年に伊勢から熊本へ転じたが、神風連の暴動に会い、九死に一生を得て伊勢へ帰ったのである。

圧倒的多数を以て当選

当時の選挙は選挙権が直接国税十五円以上を納入する戸主たる男子に限られていたのと小選挙区制だったので、投票数が少なく、激しい競争も官憲の圧迫もなく、尾崎は有効投票千九百十九票中、千七百七十二票という圧倒的多数を以て当選した。

尾崎の政界及び論壇における名声に当時は珍しい洋行帰りという魅力も加わってこの好成績となったのであろうが、一つには父行正が役人時代に培（つちか）った勢力も大いに役立ったに違いない。尾崎が演説に廻ると、土地の有力者は大抵行正と顔見知りのものばかりで、尾崎のために手弁当で働いてくれた。

尾崎は爾来、二十五回連続当選、実に六十三年に及ぶ議員生活を送り、今後も破られそうもない世界記録を作った。尾崎の選挙区には彼の党籍などには関係なく、二代・三代にわたって、投票用紙に「尾崎行雄」としか書いたことのない選挙人が少くなかった。

これらの人々は祖先の位牌を守るような気で尾崎を守り、尾崎を崇めた。尾崎が一度も選挙区へ顔を見せないその後の外遊中でも尾崎を当選させ、太平洋戦争中、尾崎が不敬罪という忌わしい罪名で起訴されていたときですら尾崎に投じた。

伝道所のような選挙事務所

尾崎の晩年の選挙には著者も毎回行って選挙を手伝ったが、選挙運動に働く人々はいずれも尾崎の崇拝者であることはいうまでもなく、尾崎に投ずる選挙民の大多数もやはり尾崎を尊敬しているので、演説の日時を知らせるビラや演説会場に吊すチョウチンなどには「尾崎行雄先生推薦演説会」と書かれてあった。つまり尾崎は選挙区にいないものとして運動が進められる仕組みになっていた。

選挙事務所には世話人や労務者が忙しく働いていたが、いずれも名利を超越しているものばかりだから、事務所で出す粗末な食事に少しも不平の色はなく、中には自分で携帯した風呂敷包からむすびを取出して食い、サッサと与えられた任務につくという有様で、選挙事務所というよりは敬虔な信者の集った伝導所に見るような風景であった。

独得な選挙風景

選挙中も尾崎は同志の応援などに忙しく、自分の選挙区へ詰切るわけにはいかないので、選挙会場を隈なく廻るなどは思いもよらず——六十余年間一度も顔を見せない村も多数あった——大多数の演説会場には候補者の姿はなく、候補者の演説の録音板を持って推薦者や応援者が廻るだけであった。中には内容のお粗末な演説もあるが、聴衆は一人残らず尾崎ファンであるから、熱心に耳を傾け、妨害も弥次もなく和やかなものだった。

尾崎と選挙民との間には親子のような親愛の情がただよい、選挙民が候補者から投票の代償に金や物を求めることなどは夢にも考えられなかった。また尾崎の選挙にたずさわる人々を中心として三重咢堂会という団体があり、平生から選挙費用を積立てておいて、イザ選挙となれば候補者を煩わすことなく、すぐ運動に取掛れる仕組みになっていた。

こうして自分たちで積立てた金で選挙を行うのだから、みんな費用をなるべくかけないように心掛るのは当然である。選挙費用が余って、それを咢堂会から尾崎に献金したことさえ珍しくなかった。

イギリス人から羨まれる

イギリスにおける一流政治家でもその選挙民に対しては常に深く意を用い、有力者には旅先からハガキを寄せたり、折にふれてその訪問を受けて雑事を手伝ってやったりして、日頃から選挙区を培養しているというが、尾崎はほとんどそういうことはやらず、国のためには生命を賭して働いたが、選挙区の利害問題には深い関心を示さず、また選挙民もそれを当然とし、小さな地方問題で尾崎を煩わそうとするものはなかった。

尾崎が渡英中、選挙を全く人任せにしておいて当選したと聞いて、イギリス人も驚きかつ羨ましがったそうだが、これは選挙の苦労を知るものなら誰でも感ずるところであろう。

二　松方内閣の選挙干渉

恐ろしい選挙干渉

といっても尾崎も楽な選挙ばかりやって来たわけではない。第一回の総選挙には悠々と当選した尾崎も解散によって、明治二十五年二月十五日に行われた第二回の総選挙には悪戦苦闘、辛うじて当選したのである。それは藩閥政府がこの選挙において全国到る所野党の候補者を倒すために、いまは想像もできないような大干渉を試みたからである。官民の抗争で死者二十五名、負傷者三百八十八名（当時政府の調査）という流血の惨事が記録された。高知や佐賀はそれぞれ元自由党首領の板垣や元改進党総理の大隈の出身地なので特に干渉甚しく、高知では死者十名、負傷者六十六名、佐賀では死者八名、負傷者九十二名を出した。

この干渉を陣頭に立って指図したのは山県の推薦で松方内閣に入閣した内相品川弥二郎であり、その参謀として働いたのは内務次官白根専一であった。品川らは王政維新当時における朝敵征伐の意識と意気込みを以て野党候補者に対し、「議会の解散は陛下の譴責であるから、旧議員の再選は陛下の思召に背く」とひそかに地方長官に訓示した。立憲政治というものを知らない品川らが政府に反対するものはすべて朝敵であると考えるのは無理もなかった。藩閥勢力の旺んな当時の政治意識はこのように低かった。

逃げ出す同志

尾崎が選挙区へ帰ると、「尾崎は解散を受けたのだから、取りも直さず勅勘を蒙ったのだ」というわけで、勅勘議員の名を以て呼ばれた。政府の野党討伐の宣伝は早くも尾崎の選挙区にも及んでおり、かつ尾崎は改進党の闘将でもあったので、攻撃の焦点の一つであった。勅勘とは陛下から勘当されたという意味である。当時としてはこういう宣伝は野党候補者には相当痛かった。

こういう有様だから第一回の選挙に尾崎を援助した町村長などもほとんど全部反対者となり、その他の同志も逡巡して一人として進んで尾崎に立候補を勧めるものはなかった。参謀長でさえ「どうも勝算がない、一回だけ休んでくれ」と申出る有様だった。

独力戦う決意

尾崎もこれでは仕方がないと思ったが、改進党を率いる領袖としてオメオメ引退ることのできない境遇にあり、かつ例の勝気も手伝って、旧同志の会合の席上で、「よし、それなら諸君の御援助は求めない。独力でやる」といい放った。すると不思議なもので、「では負けるまでもお伴しよう」という者がでて来た。

こうして立候補したものの、案の定(じょう)、到る所評判が悪く、紀州などではあんな謀叛人――政府反対であったから――を入れることはできないといって、宿屋も泊めてくれなければ、演説会場も貸してくれないという状態だった。のみならず殺伐の気風がまだ到る所に残っていた頃だったから、やっと演説会を開いても抜刀で斬込まれたり、暴漢の襲撃を受けたり、警官に解散を命ぜられたりした。それでも尾崎は辛うじて当選した。当時の苦闘ぶりを尾崎は次のように語っている(『咢堂自伝』)。

一日志摩へ演説に行つた所が、暴徒が峠で私を要撃すると云ふ知らせがあつた。どうなる事かと度胸をきめて、往つて見ると、成る程大きな昇り竜や降り竜の附いた陣羽織の如き物を着た人々が、槍(やり)、薙刀(なぎなた)などを持つて少しばかり待構へて居た丈けで、別に何もしなかつた。帰りには大挙して必ずヤッ付けると云ふ風説を立てたから、反対に此方から脅(おど)かしてやらうと思つて、猪狩（ししかり）の猟師を駆り集め鉄砲を持たせて進んで行くと、先方は愕（おどろ）いて何所かへ逃げて仕舞つた。

三　害毒は後の世にも

立憲政治に一大汚点

松方内閣のこの大干渉は発足早々のわが立憲政治に一大汚点を印したのみならず、後世まで憲政の運用に一大害毒を流した。政府が官憲を用いて陰に陽に与党候補者を援けて野党候補者を圧迫したり、味方の候補者に莫大な選挙費を与えて活動の便宜を図（はか）り、反対党に対しては料亭・宿屋乃至（ないし）は古物商・質屋などに至るまで、厳重な監督を行って威嚇（いかく）するというような悪習はこの時以来行われた。

さらに与党候補者には犯行があってもこれを不問に附し、反対党は微罪でもこれを摘発し、甚しい場合には全然犯行がなくとも何等かの口実を設けてその参謀を拘束（こうそく）したり、運動員に尾行をつけたりする陰険な干渉もこの時の選挙から始まったのである。

後に藩閥政府が倒れ二大政党が交互に政局を担当するようになっても、政府側に立つ政党は暴力こそ用いなかったが、金力と権力を以て反対党をいじめ、饗応・買収・検挙など到らざるなく、忽ち識者をして政党政治に失望させたが、選挙における政党のこのような卑劣な手段も松方内閣の手口を学んだからである。

身を以て松方内閣の大干渉と闘った尾崎は、立憲政治の真髄(しんずい)は選挙の公正にあることを深く体験し、強くこれを主張して常に政府や国民を戒めるとともに、政党にも反省を求め、政党が反省しなければついには政党自身没落すると警告したが、政党は尾崎の忠告に耳を傾けず自ら墓穴を掘るの愚を演じたことは周知の通りである。

政党改善への努力

尾崎はわが国に正しい政党を組織し、真正の政党政治を実現しようとしてあらゆる努力を捧げたけれども、目的を達せず、ついに諦(あきら)めて腐敗堕落(ふはいだらく)せる政党に籍を置くことを潔しとせず、無所属となって孤高を守るの立場をとるのやむなきに至った。

このように後世にまで大きな害悪を流した選挙干渉の結果、松方内閣は何を得たか。数名の御用議員を増加しただけで、野党の優勢を破ることはできなかった。しかも野党の人々はいずれも恐るべき大干渉を経験し、政府に対し恨み骨髄に徹しているから、議会が始ったら目に物見せてくれようと、手具脛引いて待ち構え、官民の対立を激化した。

自由・改進の提携促進

またこの大干渉は自由党と改進党との提携を促進した。大隈は改進党に入党して、代議士会長に挙げられ板垣とも公然往来するようになり、意気ますます高まった。こうして野党の意気高まるに反して政府部内は動揺し品川内相と陸奥農相が争い、松方は黒田・山県・井上らと協議して両相を辞職せしめて第三議会に臨んだ。

第三議会でも尾崎は反政府陣営の先頭に立って活躍したが、軍艦製造費削除問題では、その全面的削除を主張する少数意見の提出者として議会における処女演説を試みたところ、ついに議場を圧して、同費用は全部削除された。さらに貴族院が同費用及び震災予防調査会設備費を復活して、これを衆議院に回附し、貴衆両院正面衝突となった際にも、尾崎は衆議院の強硬意見を代表して貴族院の専横を攻撃し、「咢堂居士は流石に気胆を以て改進党中に鳴るの士丈けあつて、其の語勢論調往々人の頭脳を一撃するに足るの警語を発すること多し」（『朝野新聞』六月十日附）と新聞記者を感嘆させたほどの大演説を行った。

第七　伊藤への攻撃と協力

一　民党派の先頭に立つ

尾崎快心の議会演説

尾崎は九年余在任した東京市長時代を除き、明治三十一年(一八九八)に成立した隈板内閣における文相と、大正三年(一九一四)四月に組織された大隈内閣における法相をつとめた以外はその政治生活は政府攻撃、特に藩閥と軍閥に対する攻撃に捧げられたので、議会で行った演説の回数はどの政治家とも較べものにならないほど多い。そのうちで最も有名なのは桂内閣弾劾の演説で、これは畢生の名演説とされているが、尾崎自身には満足できない演説であった。

尾崎が自分でも快心の作とも思い、世間からも好評を博した演説は伊藤元勲内閣に挑戦し、第六議会において伊藤首相の非立憲行為を責めたときの演説であった。この演説を中心として当時の政情と尾崎の心境を記することとする。

第六議会はまたも解散によって行われた第三回総選挙の後明治二十七年五月十二日に召集された。当時改進党の四十八名を中心として野党には六派あった。これを民党六派と呼び百三十名に達し、五月八日江東中村楼に大懇親会を開いて気勢を挙げ、「本集会は強硬的対外政略を執り、且つ責任内閣の完成を期す」と決議し伊藤内閣に挑戦した。

これに対し政府側は自由党の百十九名と無所属の二十名ばかりで、敵・味方の勢力はほぼ伯仲していた。しかし自由党はあまり露骨に御用党振りを発揮できない苦しい立場にあった。

政府弾劾上奏案の説明

議会が開かれると、民党六派は内閣弾劾上奏案を提出し、尾崎がその説明に当った。それまで自由党は表面民党のように装っていたが、民党六派から弾劾上奏案が提出されると忽ち御用党ぶりを暴露し、その通過を阻止しようとしてこれに反対し、尾崎が登壇するや、自由党議員は一斉に騒ぎ立てた。

尾崎はまず自由党議員に向って、「従来の歴史に考えて見ますれば、自由党諸君の之に反対するのは、実に驚き入った事である」と述べて彼らに挑戦し、彼らが威たけ高になって騒ぎ立てるのも顧みず、「自由党は如何なる歴史を有って居るか、「苟も従来の歴史を知って居る人であるならば、此上奏案に反対出来ないのである。自由党の反覆常なきことは、今日反対の位置に立つを以て証明するに余りある」と論じて自由党が民党を装いながら吏党的立場を執らざるを得ない弱点を衝き、ついに彼らを沈黙させてから論旨を進めた。

皇室の利用を論難

二　伊藤攻撃演説の内容

この演説における尾崎の論旨は、第一に政府の不当解散をとがめ、第二に政府の軟弱外交を責めて現行条約の励行を主張し、第三に政府の議会軽視をなじり、第四に伊藤内閣、殊に伊藤の事ごとに袞竜の袖に隠れる行動を難じたのである。尾崎は一々具体的な例証を挙げて政府に肉迫し、伊藤を顔色なからしめた。伊藤の非立憲的行為を鋭く責め立てた点は後年の桂内閣弾劾演説と好一対であるが、次に速記録によって要点を挙げて見よう。

伊藤伯の最も得意とする所の袞竜の御袖に隠るゝと云ふ此大切なる点、(「さっきやった」と呼ぶ者あり)其事実を述ぶれば殆ど数へ尽されぬ程多くありませう。それを、諸君が皆知つて居られる通り、殊に此帝国議会に対して為したる所の一、二を数へて見れば、第四議会の末、帝国議会と伊藤内閣との大衝突の起つたる時に、伊藤内閣は軍艦の製造を国家の為に必要なる仕事として軍艦を製造したいと申し出でたが、吾々は経費節減、民力休養の事を挙ぐる事を主張致して、伊藤内閣に反対致し、其他種々の問題が錯綜致して遂

大臣の執るべき道

に大衝突を来した。

其時に伊藤内閣は、立憲国内閣の当り前に為さなければならぬ所の仕事を為さずして、直ちに趨(はし)つて袞竜の御袖に隠れ、恐れ多くも詔を担(かつ)ぎ来つて、此大波瀾(はらん)、此大衝突を纏(まと)めんと致したのは、諸君の皆共に認めて居る所である。（拍手起る）私常に思ふに、苟(いやし)くも国家の大臣たる者が、之が国家必要の事業と考へて、其議案を帝国議会に持出したなれば、それは軍艦製造費であらうとも、何事であらうとも、己の力を以て、国家の必要の仕事を為し遂げると云ふ決心があり、且つ力量がなければならぬ。故に軍艦を作らなければ日本の為に不為であると伊藤伯自身信じて、彼の議案を出して、而して己の力を以て之を議会を通過せしむることが出来なかつたときは、是れ大夫の処する途唯だ一あるのみ。（拍手起る）国家必要の事業の為すことの出来ない大臣、即ち大臣の職務を尽すことの出来ぬ者の取るべき途一つあるのみ。

衰竜の袖に隠るるもの

然るに其時伊藤伯は其道をとらずして、己の力では軍艦製造を致すことが出来ぬ為に、詔を藉り来つて之を成し遂げ、己の力では官吏の俸給の一少部分ですらも減らすことが出来ぬ為に、又詔を藉り来つて之を減ず、即ち衰竜の御袖に隠るゝ事実の一つ。（三崎亀之助君「もう宜からう」と叫ぶ）又第五議会に於て、諸君と共に官紀振粛の上奏を上つたときに伊藤伯は何を為したか、諸君は御承知の通り進退伺に等しき上奏を又奉つて如何致したら宜からうと、退いて宸断を待つと云ふ事になりました。

進退は自ら決すべきもの

議会から官紀振粛の上奏をせられた、議会から攻撃を受けたときに、国家の大臣たる者は、身退くが国家の利益と考へれば陛下宸断を煩はさず、自ら退かずして位に留るが国の利益と考へれば位に留る方が此際得策である。

奏文を上り自ら進むなり退くなり自ら決しなければならぬ筈なのに、彼は自ら決するの勇気無くして、陛下に対し進退伺を上つたのである。此時に当り陛下若し伊藤に留まれと申せば、全国民の忠愛なる、無論陛下を御怨みするが如きことは無い。併し乍ら其胸中を尋ねれば、苟も人にして情ある以上は、彼大臣の職務を尽し得ず、動もすれば、陛下を楯に取つて、己の責を免れんとする此伊藤伯を其儘位に留まれと云ふ御言葉が掛られては、全国何人と雖も多少の不愉快を感じなければならぬと云ふのが人情、（拍手起る）然るに彼伊藤伯は斯の如き大責任をば帝室に帰し奉り、己其陰に隠れて責任を遁れんと致して居る。（中略）

不可解な自由党の態度

苟も忠愛なる祖先の血を分つたる帝国臣民であるならば、此袞竜の御袖に隠れる一事を以て見ても、彼伊藤内閣に対し、充分弾劾する所がなければならぬ筈であるのに、自由党の諸君たるものは（ノーノー）僅かに（ノーノー）之に反対せらるゝと云ふのは諸君も王座を以て楯と為すことを（ヒヤ〳〵）恐れぬのであるか。諸君斯の如く帝室の尊栄に関する問題にも、手を懐にして傍観するのみならず、之に反対を致して何の求むる所がありますか。

（「ヒャく」拍手起る。河島醇君「新吏党の聊か恥ぢざる所」と呼ぶ）

三　日清戦争で政治休戦

自由党案を修正

民党六派の内閣弾劾上奏案は尾崎の説明が終るとともに採決された結果、百四十九対百四十四というわずか五票の差で否決された。これは自由党が政府を援助したからであるが、露骨に与党的立場を明らかにできない自由党はその翌日、極めて微温的な弾劾上奏案を提出した。

ところが民党六派は「閣臣常に和協の道に背き、臣等をして大政翼賛の重責を全ふする能はざらしむ。此を以て臣等閣臣に信を置く能はざるなり」と内閣不信任の意味を強調した修正案を提出した。かくて八百長的上奏案に筋金が入ってしまった。しかもこの上奏案は自由党が死力を尽して反対したにも拘らず、中立派の賛成を得て多数を以て可決された。

そこで第六議会は解散となり、第四回総選挙は九月一日を以て施行されることになったが、たまたまかねて紛糾を重ねていた朝鮮問題をめぐって、日清間の風雲俄かに急迫し、総選挙を待たず政府は八月一日宣戦を布告したので、国内の激しい政争は自然休止状態となった。

広島に大本営を設置

日清戦争開始さるるや、広島に大本営設置され、伊藤首相は自ら請うて大本営会議に出席仰付けられ、第一軍司令官に任ぜられた陸軍大将山県有朋並びにその幕僚らと緊密な連絡をとり着々宣戦の効果を収め、半歳後の翌二十八年一月には早くも清国をして講和会議提唱のやむなきに至らしめた。

九月一日に行われた第四回の総選挙は極めて平穏であった。各党各派の当選者も前回とほとんど同じであった。各派はいずれも従来の恩怨を忘れ、挙国一致して外敵に抗し、これに要する経費はいくらでも協賛しようという決議を行った。

野党の協力に藩閥驚く

第七議会は広島の大本営の下に召集され、議会は政府の計画に全幅の信頼を寄せ、政府案を全部可決し、一億五千万円の軍事予算も満場一致で成立させた。もともと日清戦争は高まった国論が軟弱な政府の腰を立たせたものであるから、ひとたび戦端が開かれれば議会各派が一致してこれに協力したのは当然であるが、野党を敵視していた藩閥はこの見事な協力ぶりを不思議に思ったに違いない。これについて尾崎は次のように述べている(『日本憲政史を語る』)。

藩閥官僚の徒は、忠君愛国を自分達の一手販売のやうな顔をして、我々を謀叛人扱ひしたものもあつたが、これも戦時中の議員の態度によつて、その誤解を覚らねばならなかつたらう。我々が議会で政綱を争ふのは、みな国家を思ふが故に外ならぬ。平時に政綱を争ふのは、有時の際に外敵の侮を禦ぐ所以であるといふことが、日清戦争の開始とともに、明かになつたのである。

尾崎が真向から立向った伊藤が後に幾多の障害を排して自ら政党の組織に乗出

し、政友会の創立者となったのは日清戦争における各派の協力ぶりを見て政党敵視の観念を放棄したからであろう。尾崎はこれを見て、「伊藤がわれらの軍門に降った」と喜び、大隈から離れて伊藤の政党組織を援けたことは後述するが、山県は政党敵視の考え方を一生涯持続した。

四　早期講和に不満

積極論を展開

日清戦争が始まると、尾崎は徹底的に清国を叩き、以て東亜の大計を立てるべきであるとの抱負（ほうふ）の下に次々に論文を発表し、世論の指導に努めたが、政府は極めて消極的であった。政府の見解は、清国軍を烈しく攻撃することによって、清朝を滅すと列国の干渉を招き、解決を困難にするというのであった。

したがって政府は戦争開始後三ヵ月経つと早くも他国の仲裁でもあればこれに応じて一日も早く講和条約を結びたい意向であった。政府がこのような心情にあるとき、米国大統領クリーヴランドから講和仲裁の提議が行われ、引続いて十一月二十六日旅順港陥落の報が伝えられたので、この機を逸せず、米国に回答を発して講和に導びこうとした。同日陸奥外相から伊藤首相に対して寄せられた次の書簡がこの間の事情を明らかにしている（渡辺幾治郎著『明治外交史話』）。

> 清国と講和の端緒を開き候上は、恰も今日迄外交上の運動が、海陸軍の運動に伴ひたる如く、海陸軍の運動が将来の外交上の運動に相伴ひ候儀肝要に有之、就ては今日旅順陥落の勢いに乗じ米国公使に回答を為すは、最も機会を得たものと相考候。（下略）

伊藤の講和論

この時早くも政府は講和の条件を用意していた。即ち陸奥は甲乙丙三案の講和条件を作って、伊藤の手許に提出し、伊藤はこのうち次のような甲案を採択していた（『伊藤博文伝』）。

一、清国をして朝鮮の独立を確認せしめ、且つ朝鮮の内政に干渉せざる永久の

担保として旅順港及び大連湾を日本に割与せしむる事

二、清国をして軍費を賠償せしむる事

三、清国は其の欧洲諸国と締結せる現行条約を基礎として日本と新条約を締結する事　以上の条件を実行する迄清国は日本政府に向ひ充分の担保を与ふべき事

一方清国も講和の方法を商議したいと申出で、当時清国第一の政治家とされていた北洋大臣直隷総督李鴻章(りこうしょう)を全権委員に任命し、彼は三月十四日、天津(てんしん)を発し、下関に直航した。これに対しわが方は伊藤首相と陸奥外相とが全権弁理大臣に任ぜられ、両人は下関に李鴻章を迎えて、二十四日から講和会議を開始した。

和議成立と三国干渉

講和会議は種々曲折があったが、四月十七日和議成立した。いわゆる下関条約がこれで、その要点を挙げれば、清国は朝鮮の独立国たることを確認し、奉天省南部の地、台湾及び澎湖島全部を日本に割与し、軍費賠償として庫平銀(こへい)二億両(テール)を

支払い、沙市・重慶・蘇州・抗州の四ヵ所を開くことを約したのである。

短時日の戦争の結果としては予想外の収穫であった。ところが明治天皇が四月二十一日平和回復の大詔を発し、国民が歓呼の声に酔ったのも束の間、翌々日の四月二十三日には露・独・仏の東京駐在公使から本国政府の訓令と称し、わが外務省に対し、講和条件の一部たる奉天省の南部遼東半島の領有に対し厳重な抗議が提出され、陸奥外相は一応これを拒絶したが、やがて涙を振ってこれを呑んだのである。

日本の屈伏がロシアの東漸を招く

これは李鴻章が、わが講和条件の提示を受けると直ちにこれを北京政府に打電し、領土の割譲を免れるために露・仏の干渉に訴えることを要請したからである。日清戦争における大勝は日本の国際的地位を高めたが、日本が三国の干渉に屈して遼東半島を清国に返還したことは列強をして強権を以て横車を押す端緒を作らしめ、日・清両国のために不幸を招くに至った。清国はやがて三国から莫大な報償を求められ、遼東半島喪失とは比較にならない損失と侮辱を受けました、日本は露国の東漸(とうぜん)に対抗しなければならなくなり、日露戦争の原因が作られた。

日清戦争には強硬論を唱えていた尾崎は特に政府が短時日に切上げて講和を結んだことに不満であったが、さらに政府が三国干渉に屈したことには何人よりも強い精神的衝撃を受け、忽ち戦時中の協力的態度を棄てて再び伊藤内閣攻撃の急先鋒となった。

第八　在官のまま倒閣運動

一　六派の結束を図る

三国干渉による遼東半島の返還の事実を見せつけられて、国民の憤りは火の如く燃えあがり、それは最初三国に対する憤激であったが、やがて三国干渉に猫の如く屈した伊藤内閣への攻撃と変った。

伊藤への不満爆発

しかも政府は三国干渉に屈する外に他に策はなかったと陳弁するだけであった。尾崎はまず、「時事を論じて挙国の忠愛者に訴ふ」なる長い論文を草して、政府の失政を衝き、引続いて「責任派の三国干渉策」を書いて憤激をぶちまけたが、政府の言論機関に対する弾圧は激しく、この種の論議を封じようとしていたため、後者は世に出ず、二年半後の明治三十一年二月に至って漸く公けにされた。

尾崎は筆を執って政府を攻撃しただけでなく、各派の対外硬派の先頭に立って街頭に叫び、また同志の糾合（きゅうごう）に努めた。こうして改進党の五十二名をはじめ各派から参加して「政友有志会」を組織したが忽ち結社を禁止されたり、演説会の禁止を命ぜられたりして活動を阻（はば）まれた。

対外硬派の先頭に立つ

しかし明治二十八年十二月二十五日に召集された第九議会には民党各派一致の政府弾劾の上奏案が上程され、尾崎はその説明者となって政府に肉迫した。尾崎は後に、「その時私は全国の憤りを全身に感じて政府を問責した」（『日本憲政史を語る』）と述懐しているが、この演説は国民の愛国的熱情の結晶ともいうべく、堂々三時間にわたって満場を謹聴させ、新聞は「議会史に残る大雄弁であった」とこれに讃辞を与えた。

民党各派連合の外交問題に関する政府弾劾上奏案は政府と自由党との提携によ

って否決され、伊藤内閣は辛うじて第九議会を切抜けたが、この弾劾案は政界に大きな波紋を投げ、結局伊藤内閣崩壊の原因となった。即ちこの弾劾案否決を契機として第一に民党各派の結束はいよいよ固くなり、自由党に対抗する新政党が結成されたことであり、第二に自由党が政府擁護の代償を要求したことである。

弾劾案の提出に一致の行動を執った改進党以下民党六派は伊藤内閣に対して強い結束を保ったが、小党分立では活動の敏活を欠く上に政府は各派の行動を妨害したので、各派は解党して一大政党を結成し、これを進歩党と名づけ、大隈を事実上の党首とした。

政府と自由党の取引き

一方弾劾案否決のために政府の御用をつとめた自由党はその党首たる板垣の入閣を要求し、伊藤はこれを断ることができず、板垣に内相の椅子を与えたので、自由党との関係は一層緊密を加えた。

ところがここに伊藤内閣にとって面倒な問題が起った。それは伊藤と自由党との握手、殊に板垣の入閣に対して藩閥方面に猛烈な反対論が起り、藩閥勢力の牙城たる枢密院や貴族院が挙ってこれに同調したことである。当時は官僚政治家で政党と握手するのは藩閥に対する一大謀叛であるという考えが藩閥の間に行われており、山県はこれを見て伊藤を国賊とまで罵った。

大隈と松方の接近

伊藤内閣が不人気になると、進歩党の大隈と松方との近接が最上の時局救治策であるとの主張が有力になった。特に徳富蘇峰（明治二十年二月「国民の友」を創刊、さらに「国民新聞」をはじめ、雄筆を揮ったが、常に時局便乗派であった。）が主宰した国民新聞が盛にこれを唱導した。かく周囲の情勢政府に不利となりつつあったとき、伊藤の懐刀であり「カミソリ大臣」といわれた陸奥外相が病気のため一月三十日辞任し、蔵相の渡辺国武（侠禅と号し禅を談じ、詩を賦し、文をよくし外国語も英・独・仏など数ヵ国語に通じ、有能かつ風がわりな人物として知られていた。）も財政の膨脹に対する非難に堪えず、辞意をもらすに至り、伊藤内閣の崩壊は避くべからざる運命となった。

二　松隈内閣の下で

伊藤の回生策に失敗

　ところが伊藤はこの最後の土壇場（どたんば）において起死回生の策を却って敵の陣営内に求め、外相に大隈を据え、蔵相に松方を迎えて、内閣の強化を図ろうとした。しかしこの計画は失敗し、伊藤内閣はついに総辞職のやむなきに至り、大命松方に降下し、松方は大隈の援助を求めて松隈（しょうわい）内閣が成立した。この間尾崎も大隈門下の一人として大いに働き、大隈外相の下に勅任参事官となった。松方との提携に途中嫌気がさした大隈に極力入閣を勧めたのは尾崎らであった。ときに明治二十九年九月、尾崎が政府に入ったのは二度目で、明治十四年統計院権少書記官拝命以来十五年ぶりである。

　松隈内閣は成立後間もなく第十議会を迎えたため、予算は前内閣のものをそのまま提出したので反対党たる自由党も前内閣の与党としてそれに賛成した手前、攻撃目標を失い、異論を唱えることができなかった。こうして第十議会は無事に終った。

金本位制確立と新聞紙条例改正

この議会の業績中、注目されるのは貨幣法案が成立し、金本位制が確立したことと、新聞紙条例の改正案が通過して、新聞紙条例の中から発行停止の条項を削除したことである。しかし新聞条例の改正には藩閥勢力からの強い抵抗があり、この改正案が議会を通過する直前にいわゆる「二十六世紀事件」なるものが起り、これが松隈内閣における藩閥と進歩党との抗争の端を開き、それはついに内閣総辞職の因となった。そのイキサツを尾崎は次のように語っている(『日本憲政史を語る』)。

私達が松方内閣と提携するに方つては、薩派のなかで最も信頼すべきは樺山将軍であると考へ、将軍が内閣の代表者として、政党との談判交渉の任に当られることを希望し、松方首相の承諾を得て、大いに安心したのであつた。

これに対し、我々の党側は、大東義徹君と犬養毅君と私の三人が、代表することになつた。

当時は人権に関する事柄が、大問題の一つになつてゐて、言論集会の自由を保障することについては、私達と樺山内相との間に、堅い約束があつた。殊に新聞紙の発行停止などは、よほど寛大にするといふ約束であつた。

当時大阪に、高橋健三君の主宰する「二十六世紀」といふ雑誌があつた。普通は西洋紀元で、十九世紀といふところを、日本紀元で数へて、二十六世紀といふくらゐだから、純乎たる国粋主義の雑誌であつた。この雑誌が、伊藤公の勢力下に発生した宮内省の腐敗に憤慨して「宮内大臣論」を載せ、一々事実によつて、堂々たる攻撃の筆陣を張りはじめた。これが大さう評判になつて、東京の日本新聞をはじめ、みんなこれを転載して、大いに天下の正義公論を鼓舞してゐた。勿論こうした攻撃が、長州藩閥の物議を惹起しないはづはない、宮内大臣の方では「二十六世紀」や「日本」の発行停止を要求してゐるといふ説も伝はつてゐた。また長州藩閥の御目付役として入閣してゐると言はれてゐた清浦法相や野村逓相、蜂須賀文相など、いわゆる「伴食(ばんしょく)大臣」も、閣内で切(しき)りにこれらの新聞雑誌の処分を、主張してゐるといふことであつた。

樺山に念を押す

そこで私達としては、我々が遊説に出かけた後で、発行停止をやられでもしたら、我々の遊説に大変な影響を及ぼすから、その点を特に、樺山内相に念を押しに行つた。

すると将軍は、自分の首を叩きながら「これが飛んでも、発行停止などはしない、一度諸君と約束した以上は、断じてそんなことはない」と言つた。

私は将軍の一言を、万金よりも重しと考へた。かねて信頼してゐた樺山内相が、それほどまでに言ふのであるから、私達は安心して遊説にでかけた。

さうして私は茨城県の某所において「言論集会の自由は、今日充分に保障さ

樺山の食言にあきれる

れてゐる」と得々と松隈内閣の功績を演説してゐた。

するとその最中に、政府がつひに「二十六世紀」を禁止し、「日本」を停止したといふ電報が、東京の進歩党本部から来た。私は唖然として、二の句が出なかつた。私は遊説を中止し、直ちに帰京して、樺山将軍を訪問した。しかし将軍は、別に困つた様子も見せず、言葉少く申開きのやうなことを述べただけであつた。

私はこの時はじめて、松方内閣と提携したことの過ちを悟り、組閣のとき、大隈侯の意見に従はなかつたことを後悔した。

樺山将軍というのは樺山資紀でわが海軍創設者の一人、海軍次官・海軍大臣・台湾総督・枢密顧問官などを歴任した薩摩出身の軍人である。

三　奇妙な松方の退却

大隈に辞職を勧める

樺山内相の食言で松隈内閣と尾崎ら進歩党幹部との間には早くも大きな溝を生じたが、尾崎は松方首相の不見識と優柔不断に対しても幻滅を感じ、ついに現職のまま倒閣運動をはじめたので、懲戒免職になり、大隈にも辞職を勧めるに至った。

すると大隈は「初めからとても見込がないというのに、君達は是非やれと言って、僕に迫ったが、どうだい、今日の有様は」（前掲書）といって笑ったそうだが、ついに明治三十年十一月六日辞表を提出した。

こうして進歩党との縁が切れると、政府は大隈の後任として枢密顧問官に西徳二郎（ロシア公使、スエーデン・ノルウェー公使兼任、後外相に就任）を据え、また大隈とともに蜂須賀文相も辞任したので、帝国大学総長浜尾新をその後任とし、さらに大隈が兼任していた農商務大臣の後任に京都府知事山田信道を挙げ、目前に迫る第十一議会への対策としては自由党の懐柔にかかったが、これは失敗に終り、全く孤立状態に陥った。

解散、続いて総辞職

明治三十年十二月二十五日第十一議会が開かれ、本会議の冒頭、緊急動議を以て内閣不信任決議案が提出され、提案者が壇上からその理由を説明しようとしたところ、突如解散の詔勅が下り、提案者は勿論満場を唖然たらしめた。解散の詔勅を以て不信任案の説明を封じてしまったのである。しかもさらに議員を驚かしたのは、解散すると同時に松方内閣は総辞職したことであった。

解散を奏請する以上は、あくまでも野党と戦う決心でなければならないし、また総辞職するつもりなら、議会の解散は無用というべきであって、解散と総辞職を同時に行ったのは松方内閣が初めてであり、その後もこれに倣(なら)ったものはない。だがこれは不得要領(ふとくようりょう)な松方内閣にふさわしいやり方であった。

松方内閣が倒れると、組閣の大命は伊藤に下った。伊藤はまず大隈に外相として入閣を交渉し、次に板垣の入閣を求めたが、双方とも不調に終った。伊藤が大隈と板垣の入閣を求めたのは進歩・自由両党の支持を得て挙国内閣を作るためであったが、失敗したので、自由党との提携を進め、農相の伊東巳代治(伊藤の幕下で憲法草案の作製に尽したことで有名。後に農商務大臣をつとめた。)が奔走し、一応諒解した。ところが自由党は板垣の入閣を求めたところ、伊藤はこれを拒絶したので、自由党も政府に絶縁状を叩きつけ、伊藤・板垣の間を往復して両者の提携に努めた伊東巳代治は辞職した。

伊藤内閣と手を切った自由党の進むべき道はただ一つ、進歩党と提携して反政府に立つことであった。かくて明治三十一年五月十八日第十二議会が開かれると、両党は連合して政府の財政計画を否認し、増税を早計として地租増徴案を葬った。政府はついに解散を奏請し、六月十日議会はまたも解散された。

両党合し憲政党成る

解散は自由・進歩の提携をますます緊密化した。久しく敵対していた両党はいまや相結んで藩閥打倒の大目的達成に向って立つことになり、過去の行懸りをすてて打って一丸となり新政党結成に邁進する気運が熟した。

かくて合同談はトントン拍子に進み、六月十七日には江東中村楼に野党大合同懇親会を開く運びとなり、来会者五百名、大隈も板垣も出席し、それぞれ一場の演説を試みた。こうして生れた新政党は憲政党と呼ばれ、その結党式は新富座で挙げられ、来会者二千余名に及び、大要次のような宣言が発せられた。

> 今や吾人は内外の形勢に鑑み、断然自由、進歩の両党を解き、広く同志を糾合して一大政党を組織し、更始一新以て憲政の完成を期せんとす。

第九　「共和演説」前後

一　わが国最初の政党内閣

憲政党の結成と伊藤の対策

自由・進歩両党の合同による憲政党の結成は藩閥に大きな衝動を与えたが、こうなっては自ら政党を組織する以外に政権保持の方法はないと考え、ひそかに政党組織計画を進めたところ、山県らに妨(さまた)げられて挫折したので、ついに辞表を提出した。

ところが後継内閣を奏請する問題に関して伊藤は憲政党に対抗する大政党を自ら組織することができない以上、政権を憲政党に渡し、時局の収拾をこれに任すべしとの意見を抱き、これを陸相の桂太郎に語り、また元老会議(内閣の首班任命に際して天皇が諮問する非公式の機関で、伊藤・山県・井上・松方らで構成されていた。）にも提案したところ、桂は強硬に反対し、元老は仰天（ぎょうてん）した。

伊藤はその明敏な政治的感覚と三次にわたる内閣組織の経験から政党政治の必然性を体得し、徒らに政党と抗争するよりも政党をして政権を担当せしめることが時局収拾の最良策であることを認識していたが、山県や桂は時勢の変化を直感することができず、藩閥官僚の牙城（がじょう）に立籠って政党を圧迫し、そのためには憲法中止もやむをえないというような妄想（もうそう）に捉われていた。

二十五日の元老会議には伊藤は出席せず、井上を通じて書を以て大隈・板垣の両人を後任として奏請すべきであるとの意を伝えた。同日の会議も出席者中、一人として後任首相たることを引受ける者がなかったから、結局伊藤の提言に従い、大隈・板垣両人に組閣の大命が下った。

大隈と板垣に組閣の大命下る

元老会議が大隈・板垣の両人を奏請することに決すると、伊藤は同夜両人を首相官邸に招き、まず辞表を捧呈するに至った事情を告げ、大隈・板垣も種々意見を述べた後、もし大命が下れば、これを拝命するとの意向を表明した。

かくて二十七日組閣の大命は大隈・板垣の両名に下った。大隈と板垣は直ちに組閣に取掛った。憲政党は花々しく結成されたものの、まだ出来たばかりであるから、旧進歩派と旧自由派との勢力均衡ということが最も重大な問題であった。両派協議の結果、大隈が首相にして外相を兼ねることになり、板垣が内相に就任し、尾崎は文相として入閣した。世間ではこれを憲政内閣と呼び、わが国における最初の政党内閣である。

長い苦難の歴史

顧(かえりみ)れば初めて民選議院の建白書が作られてから実に二十四年、議会が開かれてからでもすでに八年、民間志士にとっては長い苦難の闘争であったが、いまやこの苦難は報いられ、さしも頑強な藩閥も膝を屈し、志士の理想は漸く達せられたのである。

国民は目の前に突如政党内閣が出現したのを見て驚異の眼を見張った。藩閥滅びて政党の世となることは当時多少なりとも政治意識に目覚めた国民のひとしく予期したところであるが、それが何の前触れもなく唐突（とうとつ）としてやって来たことは自分の眼を疑うばかりの驚きであった。しかし同時に明治二十三年の憲法発布以来の大きな喜びであり、前途に希望と光明をもつのであった。時事新報は「薩長三十年の政府を乗取つたのは、猶徳川三百年の天下を乗取つたにひとしい」と論じた。

閣内の最年少者

文相になった尾崎はこの時わずかに四十一歳、この内閣における最年少者であって、政治的には同時にスタートした年長の犬養より一足先きに入閣したわけである。当時首相兼外相となった大隈や内相に就任した板垣とは年齢において親子ほど違い、特に板垣とは尾崎の父行正が会津征伐に従軍したときの総大将であるという奇縁に結ばれていた。

二　政権は取ったが

世間を驚かした文相就任

弱冠二十二歳にして新潟新聞の主筆、二十四歳にして統計院権少書記官、二十八歳にして東京府会議員、三十三歳にして衆議院議員、三十九歳にして勅任参事官という経歴をつくって、キリン児といわれていた尾崎は四十一歳で入閣して文相になるに及んでいよいよ世間を驚かせた。しかし尾崎自身は少しも驚かなかった。

後年、著者は歴史家の渡辺幾治郎や憲法学者の鈴木安蔵氏とともに尾崎の憲政に関する回顧談を聞いたが、この時渡辺が初めて大臣になった時の感想を求めると、尾崎は言下に「別にこれという感想はなかった。私は大臣には当然なるものと思っていた」と答えた。尾崎の詠んだ歌に

天地の内に一人の我ありと
　夢みし頃の若かりしかな

というのがある。以て尾崎の自ら任ずることの高かったことを推察することができよう。

内閣の前途は多難

こうしてわが国最初の政党内閣は生れたが、その前途は多難であった。憲政党は薩長藩閥の打倒という共通の目標だけはもっていたが、主義主張、殊に政策面では旧自由・旧進歩の間に意見の対立があった。たとえば旧自由派は鉄道の国営を主張したが、旧進歩派はこれに反対しまた旧進歩派は警視庁の廃止を唱えたのに対し、旧自由派はこれに不賛成を表明し、さらに文官任用令についても旧進歩派の制限任用制に対して旧自由派は自由任用制であった。そこで政府はこれらの問題についての両派の協調を保ち、結束を固める目的で、臨時政務調査局を設け、板垣内相を委員長として会議を重ねたが、やはり両派は旧来の主張を棄てず、激しい抗争を続けた。

そのうちに第六回総選挙が明治三十一年八月十四日に行われ、憲政党は議席三百のうち、二百四十三を獲得し、圧倒的勝利を博したが、その頃になると内部の抗争はいよいよ悪化した。主義政策上の争いだけでなく、猟官運動が露骨となり、そこへ多年の感情的対立が加わり、全く手のつけられない状態となった。

外相の椅子を狙う鳩山

猟官運動のうち最も目立ったのは大隈が兼任していた外相の椅子を狙う旧進歩派の鳩山和夫（鳩山一郎の父。明治二十九年十二月衆議院議長となった。）と旧自由派の星亨（明治二十六年十一月衆議院議長になったが排斥されて辞職。自由党の有力者で剛腹な政治家として知られ、後に暗殺された。）の運動であった。鳩山は暮夜ひそかに犬養を訪ね「自分を差措いて閲歴の乏しい尾崎を起用するが如きは順序を誤っているではないかと、プン〳〵怒り」（『犬養毅伝』）犬養が宥め役になり、「何とかして党内を収めようとして猟官者のために居中調停の労に服し、大隈も亦た鳩山に花を持たせる必要を認めたので、結局外務次官の小村寿太郎を外国へ遣つて、鳩山を後任に推薦する腹をきめた」（前掲書）とある。

こうして鳩山の方はどうやら納ったが、納らなかったのは星亨の割込運動である。憲政党の結成及び隈板内閣成立の当時、星は駐米公使として米国にいたが、新内閣が出来たと聞くと、直ちに旅装を整えて帰国の途に就き、政府内外の旧自由・旧進歩両派の抗争いよいよ烈しくなった八月中旬に帰国した。帰国命令は出ていなかったが、そんなことを気にかける彼ではなく、帰国届を出しただけでさっさと帰って来た。

由来星は大隈が大嫌いで、何かといえば大隈を攻撃し、常に自由・進歩両党の接近を阻止したのは彼であった。自由・進歩の両派が合同して憲政党を作ったのも、曲りなりにも隈板内閣ができたのも彼が米国に駐在していて留守であることが一つの大きな原因であった。

尾崎の反対で星の入閣を拒否

その星が両派紛争の真最中に忽然として姿を現わしたのだから、一騒動持上らなければ済まない形勢となった。もっとも彼は隈板内閣成立後は憲政党の成立に反対せず、大隈が兼任している外相の椅子に坐れるものと信じていた。それが実現しなかったために、彼は内閣破壊の猛運動を始めた。彼が入閣できなかったのは主として尾崎が反対したためであったと尾崎は次のように語っている（『日本憲政史を語る』）。

大隈、尾崎の真意を誤解

大隈侯は始終星君を推奨し、外務大臣にしようと言つてゐた。しかし私は「星君を内閣に入れたら大変です。星といふ人は、喧嘩好きな人であるから、内に入れても喧嘩するし、外に置いても喧嘩する。しかし何方がうるさいかといへば、内で喧嘩する方がうるさい。だから外に置いた方がいい」と主張した。

大隈侯は例の楽観主義で、「内に入れて置けば、さう喧嘩するものではない」と、しきりに宥(なだ)めたけれど、私は星君を入れることは、内閣のために宜しくないと、かたく主張した。然るに私の真意を誤解して、誰か大隈侯に告げた人があつたのか、侯は私に向つて「いつそ君が外務大臣にならぬか」と言はれたことがある。私は無論さういふ心算(つもり)はないから、これを辞退し、ただ星君の入閣だけは、是非思ひとどまるように勧めて別れた。

その上、星君の入閣には旧自由派にも、かなり反対者があったらしい。それやこれやで、星君の外務大臣就任は、全く絶望であることがわかつた。すると星君はあゝいふ性質の人間であるから、「よし、俺を入れないやうな内閣なら、叩き潰してしまへ」と内閣を壊す方の運動にかゝつた。

三　政界の百鬼夜行ぶり

「共和演説」の真相

内閣が大揺れに揺れているところへ不幸にも尾崎の「共和演説」問題というものが起った。この問題の真相及び政界に与えた波紋について尾崎自身『日本憲政史を語る』及び『日本はどうなる』の両書に詳しく述べているので、著者はこの両書の記述を中心としてこれを綜合するに止める。

明治三十一年八月二十二日、尾崎は帝国教育会からの依頼により神田一つ橋の

政敵に利用された「共和演説」

同会へ行き、一場の演説を試みた。来会者は文部省の関係官をはじめ教育家五百余名であった。尾崎はこの演説で当時の社会の風潮たる拝金主義を戒め、道義の尊ぶべき所以を説き、その比喩として、「世人は米国を拝金宗の本家本元のやうに思つてゐるが、米国は世人が思ふほど拝金主義の国ではなく、その証拠には同国の歴代大統領にはどちらかといへば貧乏人の方が多い」と述べた後、「日本は共和政治となる気遣いはない、仮令百千年を経るとも共和政治となることはないが、仮に日本が共和国であつて、大統領を選挙する政治組織であるとすれば、三井・三菱の代表者が大統領に選出するかも知れない」と論じた。

尾崎の説くところよく時弊を衝き、その雄弁と相俟って、この演説は会場が破れるような拍手喝采を浴びたが、当時藩閥の御用新聞であった東京日日新聞は、尾崎がこの演説の中で「仮に日本が共和国であつて」と比喩に用いた言葉尻をとらえて、尾崎を共和主義者であると書き立てた。これを読んで伊東巳代治らを急先鋒とする藩閥は真先きに騒ぎ出し、旧自由党派の人々も尾崎排斥の火の手を揚げ、次いで世間一般がこれに雷同し、「苟（いやしく）も文部大臣の職責にある身で、共和演説をするとは怪しからん」という非難が捲き起った。

やがてこの非難は尾崎の辞職要求となって内閣に向って来た。桂などは内閣にありながら公然と尾崎を攻撃した。あまり世間が喧（やかま）しいので、大隈も当惑したと見えて、尾崎に事情を尋ね、犬養でさえ「尾崎には困る」といい出した。そこで尾崎は大隈に向って、「私が何を言つたか、速記録について、演説内容をお調べになつたら宜しからう」といった。尾崎はこの演説を速記させておいたため、大隈がこれを調べて見ると、それは世間に流布されているような演説ではなかったことが忽ち明らかとなった。

「仏敵問題」起る

元来この問題は反対派が政府攻撃の道具に使ったものに過ぎず、根も葉もないことだから、次第に攻撃の火は鎮まった。そこへ板垣内相の「仏敵問題」というのが起った。仏敵問題というのは、従来監獄の教誨師には僧侶だけが用いられていたのを、板垣が他からの忠言に基づいて、キリスト教の牧師も教誨師として採用することに決めたところ、僧侶側から反対が起り、策士がこれに合流して内閣攻撃の具とし、「仏敵板垣」という檄文が配布されたりした。板垣はこれを見ると、大層怒り、閣議でも非常に憤慨し、内相として何らかの処置をとったところ、それがまた問題になった。

板垣、策士に乗ぜらる

とにかくこんな問題が続々起って、板垣や尾崎を責める者が多くなった。尾崎は平気だったが、神経質な板垣はいらいらしていた。そこへ政府の役人の中にも仏敵運動に参加したものがでて、板垣もこれにはひどく困っていたようだ。その虚に乗じて板垣に一策を献じたものがあり、一轍な板垣は困っていた時でもあったから、ついそれに乗ったらしく、一旦鎮った「共和演説」問題が今度は閣内から再びむし返されて来た。

ある人が板垣に献じた一策というのは、「この際教誨師問題で争ふことはあなたとしては非常に不利であるから、寧ろこの問題には触れないで、尾崎の共和演説問題に立還り、共和演説などをした者とは、同一内閣に居ることは出来ないといふ立場をお取りになれば、仏敵問題は自然に消えてしまふわけである」というにあった。

藩閥と民党との抗争、民党側における旧自由派と旧進歩派との確執(かくしつ)を以て彩(いろど)られた当時の政界の百鬼夜行振りを、読者は著者の拙い描写からも想像できよう。もっともこのような策謀は今日も政界の裏面には日常茶飯事(さはんじ)として到る所に見られるようだ。

四　忽ち憲政党分裂

尾崎は父行正を通じて幼少の頃から板垣の噂を聞いており、また内閣に彼と席を同じくして親しく接するようになって、その高潔な心事に接し、彼に対する尊敬の念は一層強くなり、板垣も尾崎に親切にしてくれ、特別に密接な関係をもつようになっていた。

板垣、単独で上奏

ところがある日閣議の終った後、板垣は単独で参内し、共和演説問題を理由に、「自分は尾崎とは両立出来ない」という上奏をした。尾崎はそんなことは少しも知らず、「共和演説」問題は尾崎の勝利となって片附いたものと安心していると、板垣が参内した日の翌日か翌々日、侍従職幹事の岩倉具定（ともさだ）がやって来て、板垣が奏上した経過を簡単に述べた後、陛下のお考えとして、「先輩たる板垣伯が両立できぬといふた上は、事の如何に拘らず、後輩たる尾崎が退いて、内閣を完ふすべきである」という意味のことを伝えた。

そこで尾崎は、「陛下の御沙汰とあらば、何時でも辞表を提出します。しかし共和演説の罪責を負へといふお考えならば、私は辞職するよりも臣子たる者の天下後世への見せしめのため、むしろ国法に拠つて処分されることを希望いたします」と答えた。

理義を正して辞表提出

すると岩倉は、「決して共和演説のためではない。ただ先輩たる板垣伯が両立し難いと上奏されたためである」と繰返して明言した。尾崎は職責上誤りがあれば何時でも職を辞すべく常に辞表を懐ろにしていたから、直ちにこれを岩倉に示し、「唯今のやうな陛下の御言葉を賜はりました上は、早速先輩のために退くことに致します」と述べた。

かくて尾崎は直ちに大隈を訪ね、「政敵が私を攻撃するのは、将を斃さんと欲して、先づ馬を射るの戦法に過ぎない。目指すところは私ではなく、閣下であると思ふ」といった。ところが大隈は、「君さえ辞職してくれれば、後は大丈夫だ」というので、尾崎はさらに大隈に向って、「私が辞職すれば内閣の維持が出来ますか」と念を押したところ、楽観的な彼は言下に「心配はない」と答えた。尾崎

深刻な後任争い起る

は「この内閣ももう長くはない」と思ったが、首相たる大隈が「心配ない」という以上仕方がないので、後任に犬養を推薦して辞表を大隈に渡した。十月二十二日のことである。

明治32年文部大臣辞職後の尾崎行雄(42歳)

尾崎の辞職はそれによって隈板内閣の安全を保とうとするためであったが、この時はすでに両派の衝突は避けられない情勢であった。果して尾崎が辞表を提出すると、その後任問題で閣内に激論が起った。旧自由派は勢力均衡上、後任は自分の方から出したいといい、星亨と江原素六(後に貴族院議員となる)を挙げたが、旧進歩派では自派の閣員が辞めたのだから、後任は自派から出すのが当然であるといって譲らなかった。そこで党外から選ぶべしという案も出た。

後任問題の審議は連日続けられたが解決しないので、後任者の指令を西郷海相(従道)と桂陸相(太郎)に依頼しようとの説さえ出た。さすがの大隈も色をなし、「不肖重信、内閣総理の重責を辱うしてゐる以上、国務大臣の補欠指名を他に委せることは出来ない。職権を以て自ら後任を選び、陛下に推薦する」と断言して席を立ち、直ちに犬養を推薦し、翌日親任式が行われた。

星一流の強行手段

すると旧自由派の星は直ちに彼一流の強行手段に訴えた。すなわち彼の策動によって、旧自由派の総務委員が揃って旧進歩派の総務委員を訪ね、憲政党の解散を提議し、旧進歩派がこれをはねつけると、憲政党の名を以て旧自由派の党員に通知状を出し、神田錦輝館(きんきかん)に臨時協議会を開き、引続いてこれを党大会に変更し、憲政党の解散を議決し、次いで新たに政党組織の件を附議し、一瀉(いっしゃ)千里の勢いで、綱領及び党則を可決し、新政党の結成を可決し、これを憲政党と名づけた。

もちろん旧進歩派はこの乱暴な憲政党横領に抗議した。しかしこの時は芝山内（さんない）の憲政党本部は旧自由派に占拠され、厳重に出入りを誰何（すいか）し、旧進歩派の党員を近づけなかった。しかも内務大臣も旧警視総監も自由派であったから、争っても旧進歩派の敗北に終った。

二つの憲政党が並立

そこで旧進歩派は星一派の陰謀による解党決議を否認し、本部を麴町区（いま千代田区）内幸町に設置し、依然憲政党を名乗っていたので、一時憲政党が二つ並立する奇観を呈したが、間もなく内相板垣退助の名を以て禁止の通告を受けたため、やむなく憲政本党と改称した。こうして折角できた民党の大合同も、半歳を出ずして分裂し、実質的に元の自由党と進歩党の昔に還った。

一方板垣内相は松田蔵相（正久）・林逓相（有造）とともに辞職した。あくまでも楽観的な大隈は旧自由派の退いた後、旧進歩派だけで内閣を改造しようと考えたが、陛下がこれを許さないことを悟り、十月三十一日、辞表をまとめて提出し、総辞職を行った。尾崎が辞職してから九日目、犬養が文相に就任してから四日目である。

第十　政友会創設の頃

一　伊藤の新党組織計画

山県辞意でまた後任難

隈板内閣が倒れた後、山県内閣が生れ、時世は逆転したが、山県は憲政党と結び、これを利用している間だけ政権を保持した。明治三十三年五月三十一日憲政党が山県内閣との提携断絶を宣言するや、山県は辞意を抱くに至った。しかし元老の間には進んで内閣首班の任に当ろうとするものはなかった。

憲政党は局面を転回するため、かねて政党組織の計画を抱いていた伊藤に目をつけ、彼を党首に迎えんとの党議を決し、山県との絶縁を宣言した翌日の六月一日、同党総務委員星亨、松田正久らは伊藤を大磯に訪問し、党議を伝えて憲政党々首となるよう懇請した。

しかし伊藤はこれを謝絶し、「自分の意図は既成政党の宿弊を矯正せんとするにある」と述べたので、憲政党幹部は、伊藤が新政党を組織せんとするならば断然解党し、挙ってその傘下に投じようということに意見一致し、彼はこれを聞いて大いに喜び、新政党組織計画に乗出した（『伊藤博文伝』）。

伊藤の新党計画の構想

伊藤の新党組織計画は従来の行懸りに捉われない新たな構想の下に進められた。実際には憲政党を中心としてこれに伊藤の門下生などを加えた政党となることは伊藤と旧自由党との関係から当然であるが、伊藤としては、憲政党以外からも多数の有力な政客の参加を期待した。

伊藤の新党組織計画について彼の意を体して最も熱心に奔走したのは伊東巳代治であったが、尾崎も参加を勧められた。改進党の創立以来、その領袖の一人としてこれを指導して来た尾崎から見れば、藩閥の指導者たる伊藤は多年政敵として争った相手であるが、いまや彼が進んで政党を組織しようというのは尾崎らの軍門に降ったのであり、延いては藩閥の一角が崩れつつあることを意味するので、これを積極的に援助し、伊藤をして立派な政党を作らせることが国のために執るべき態度であり、尾崎らの主張たる藩閥打倒を実現する近道であると解した。

旧弊打破に熱意をもつ

大隈の門下として政界に活躍し、若くして大臣の地位にも就いた尾崎が、憲政本党を離れて伊藤を援けることは私情からいえば許しがたい非情な行為であるが、尾崎はわが国に真正の政党を作るためには私情に捉(とら)わるべきではないと信じていた。それに尾崎は政権維持のためには手段を選ばず、権力と金力を以て政党の分裂を策しこれを堕落させる藩閥官僚の徒に限りなき憎悪(ぞうお)を感ずるとともに、徒らに藩閥官僚と妥協し猟官と漁利に狂奔する眼前の政党にも大きな不満を抱いていた。

憲政党も憲政本党も尾崎の眼には国家本位の真正な政党ではなく、親分・子分の因縁や利害関係によって結ばれた私党であると映ぜられていた。尾崎は何とかして国家国民の福利増進のために結盟する同志の集団としての政党を組織して、漸く識者の指弾(しだん)を受けつつある既成政党の旧弊を打破せんとする意見をもつようになっていた。

伊藤支援の決意を固む

尾崎がこういう心境にあるとき、伊藤の新党計画が進められ、しかも参画を勧められたのだから、尾崎は動かざるをえなかった。さらに尾崎が従来の立場を棄ててても伊藤を援けることを至当と考えるに至った他の一つの動機は対露問題についてである。北清事変(一八九九年清国に起った事変で、キリスト教の公許以来、西洋人は清国を圧迫したため、外人排斥の暴徒が各国の公使館を襲った。)以来、日露関係が悪化し、その衝突は免れそうもない形勢にあったが、尾崎は当時ロシアと戦うことを不利と考え、戦わずにわが主張を貫徹する方法はないかと種々苦慮していたところ、伊藤も尾崎同様の考えをもっているらしいことを探り得たので、伊藤を援けることが日露の衝突を防ぐ道であると考えたのである。

伊藤を訪問し意見を交換

二　固い決意を押し通す

伊藤を援けることに決意を固めた尾崎は大隈をはじめ誰にも相談せずに彼を訪問した。会談の内容は大要次の通りである（『日本憲政史を語る』）。

さて親しく会つて話して見ると、いますぐ日露の関係が破裂して国家の不利益であることは、公も私も同意見であつた。ただ戦はずして如何にこれを解決するか、また天下の輿論はどうなるかの点について、だいぶ躊躇してゐる様子であつた。それで私は「これは一大決心を要する時である。臣子国のために生命を棄つべき場合である。世の毀誉の如きは度外視して進まねばならぬ」と説いた。

そのためでもあるまいが、伊藤公もだいぶ決心して、日露の間を平和的に解決しようといふことになつた。

それから政党組織については、私は公に、「それは先づ、旧自由党系の憲政党と旧進歩党の憲政本党との二大政党を網羅して、これに公直参の人々、すなわち官僚及び民間の有力者を加へて、三派鼎立の一大政党をつくるが宜しい。そうすれば各派互ひに牽制しあつて、どの派にも我儘をさせないですむ。伊藤公にして苟くも公平な考をもつてさへすれば、その考を行ふことが出来る」と献策した。

一身を犠牲にする覚悟

伊藤訪問について尾崎があらかじめ誰にも相談しなかったのは、伊藤の決心さえ確められれば、仮に同志が尾崎の意見に同意しようがしまいが、尾崎自身はその考え通りに実行しようと固く決意していたためである。尾崎は「一身を犠牲に供しても必ず解決すべき問題であると、一図に思い込んでゐた」と述懐し、また「だから、同志に相談の上で伊藤公に会見するか、伊藤公の決心を確めてから同志に謀るか、そんな手続はあまり深くも考へてゐなかつた」と述べている（前掲書）。

ところが尾崎の伊藤訪問は俄然政界の大問題になった。殊に大隈をはじめ憲政本党の領袖は愕然(がくぜん)とし、再び伊藤と会見しないよう忠告し、世間の非難は尾崎に集中した。尾崎は当時の状態を、「同志はいづれも疑念を抱き、私が同志を出し抜いて、伊藤公に降参したかの如き印象を与へてしまつた」と語り、また「甚しきはいわゆる共和演説以後の宮中の御信用を回復する手段として、伊藤公に接近したのだなどと云ひふらすものもあつた。同志のなかにもさう考へてゐるものがあつた」と述べている(前掲書)。

ついに党から除名さる

しかし尾崎は先輩や知己の忠告にも世間の非難にも屈しなかったのみならず、進んで機会を作って所信を述べ、同志の賛同を求めるという態度に出た。すなわち尾崎はまず大隈邸で大隈はじめ犬養毅及び大石正巳と会合して胸中を披瀝(ひれき)して三人の同意を求め、さらに在京議員の総会において同様の方法をとった。だが尾崎の真意は党の領袖(りょうしゅう)にも一般党員にも理解されず、寛容な大隈をすら怒らせ、尾崎が全然発言しないうちに尾崎を除名処分に附してしまった。

当時尾崎の憲政本党における地位は、犬養とともに最高幹部であり、また大隈の信任の厚い統率者でもあったから、大隈にしても犬養にしても尾崎の意見には同意できないまでも、尾崎を党から除名するという強硬手段に出る意志はなく、出来るなら穏便に片附けようと考えていた。当時大隈に宛てた犬養の書簡はこの間の事情を明らかにしている（渡辺幾治郎編『大隈重信』）。

犬養も手を焼く

拝啓　尾崎一件につき過日来奔走と来客の応接とに困窮仕候。大抵片付申候考に御座候得共、本人中々強情に付困却仕候。今日ハ早朝より本部に重立タル人々を集め、尾崎より淡白に話サセル筈ニ御座候。如何ナル面倒ニ出会ひ候とも到底ハ円満に落着サセル考ニ御座候。委細拝容申上候。

二十六日早朝　　犬養　毅

大隈伯閣下

尾崎激励論も現わる

また尾崎の行動は同志からも世間一般からも誤解されたとはいえ、尾崎が毀誉褒貶に惑わず、終始毅然たる態度をとって動かなかったので、これに好意を寄せるものもあった。尾崎の真意を理解し、尾崎を激励するものも皆無ではなかった。次の二つの新聞記事がこれを示している。

七月三日付国民新聞　「尾崎行雄氏が伊藤公訪問に関する憲政本党部内の波瀾はまだ収まらず、しきりに同氏を追及しつゝある由は、昨紙既に記する所ありしが、同党の領袖輩は昨今尾崎氏に向ひ、伊藤公との交渉を中止するか、左なくば除名処分の止むべからざるに出でんと迫りつゝあるも、尾崎氏は頗る落附き払ひ自己の信ずる所を以て伊藤公に面会したるものなるを、除名とは以ての外の事なり、さることがなさるゝならばなして見よとの気色にて、毫も屈する所あらずと云ふ。」

七月六日付日本新聞　「（前略）尾崎の大隈伯を崇拝するは近年に始まるものなら

ず、慶応義塾の書生たる頃より頻りに大隈伯に感服し居れり。然るに此回敢て大隈伯を捨て、伊藤侯に謳歌せんとするに至れるは如何なる事情に動かされたるか。（中略）即ち従来尾崎の大隈伯に附随するは青年時代より馴致せる感情に依り、今日断然身を挺して伊藤の下に立たんとするは、其懐抱する政治上の理想に駆られたるものと謂ふべし（中略）然らば尾崎たるもの、何処までも其所信を貫徹せんことを勉めざる可らずと語るものあり。」

三　結党から組閣へ

単身伊藤の傘下に投ず

尾崎が伊藤の提唱する新党に参加せんとすることに対して最も大きな衝動を受けたのはいうまでもなく大隈であった。また尾崎にしても大隈から離れて伊藤の下に立つことは忍び難いところであったが、理想に燃える尾崎は強い理性で感情を制し二十年来師事した政治上の大先輩に対する因縁の絆を絶ち切ったのである。

かくて尾崎はすべての先輩及び旧友と袂を別ち、単身伊藤の新党運動に参加した。既述のように尾崎ははじめこの新党運動には憲政本党をも参加させようとし、これを伊藤に献言し、伊藤もそう考えているらしかったが、憲政党の星がこれに絶対反対を唱え、尾崎一人だけは入れても、他の者は拒絶せよと頻りに運動していたらしく、また伊藤にしても憲政本党を入れるとなると、大隈とも提携しなければならなくなり、彼は内心大隈を煙たく思っていたので、気分が変ったようだった。

新党と尾崎の意気込み

当時憲政本党も行詰り、局面打開を図らなければならない状態にあったから、尾崎が誘えば三十人や四十人の議員は動くべき形勢であったが、強いて誘わなかったのみならず、尾崎に追従しようとした者をも無理に止めさせたのである。これについて尾崎は、「わずか三十人や四十人の近衛兵となるべき味方を率ゐて行くよりも、単身独行の方が全部を味方にすることが出来ると思って、一切誘はないで、でかけていった。そのためすべての人から歓迎せられて、かへつて働きやすかつた」(『日本憲政史を語る』)と語っている。

こうして憲政本党からは尾崎のほかに一人も参加しなかったので——後に九名参加した——新政党は、自然星の率いる憲政会党を中心として成立することになった。その創立委員会は尾崎も加わって十三人となり、明治三十三年八月二十五日芝の紅葉館に開かれ、党名は立憲政友会と決定した。

伊藤、明治天皇を説く

ところが新党組織の準備が進むに従って、一部の官僚や保守主義団体等から伊藤が宮中の要職にありながら——彼は東宮輔導顧問・帝室制度調査局総裁・皇室経済顧問等をつとめていた——政党の組織を企図することに対して猛烈な非難が起った。そこで伊藤は一日明治天皇を訪ね、政党組織の憲政運用に必要なことや彼の組織する政党は従来の政党と異なる所以(ゆえん)を述べ、ご諒解を得た上、宮中関係の要職を辞することを決意した。天皇は伊藤の陳述を聞かれた上、激励の言葉とともに二万円を下賜せられた。伊藤は早速これらの経過を山県や黒田に報告し、藩閥からの妨害の手が伸びないように予備的な手段を講ずることを忘れなかった。

立憲政友会の発会式は九月十五日、帝国ホテルで挙げられた。折から微雨の中に会するもの約千五百人、各地からの祝電は六千通を越えた。創立委員長渡辺国武の開会の辞に次いで、満場一致で総裁に伊藤博文を推戴し、引続き伊藤は壇上に立ち、「政党は宜しく私心を去つて国家に奉ぜざるべからず、希くば立憲政友会をして政党の模範たらしめん」との抱負を述べた。

総務委員に納まる

かくて立憲政友会は創立され、総裁の下に党務の執行に当るべき総務委員会が設置され、委員長には渡辺国武が就任、尾崎は総務委員の一人となった。その衆議院における勢力は百五十二名であったが、大部分は星の率いる旧憲政党員であり、それ以外では憲政本党から九名、帝国党から五名、同志倶楽部から五名、無所属から二十名に過ぎなかった。

政友会が結党式を挙げてから十日の後即ち九月二十六日山県内閣は総辞職を行い、後任に伊藤を推薦し、即日官邸を引揚げてしまった。伊藤は政友会創立早々でもあり、かつ病臥中でもあったので、ひどく当惑したけれども、周囲の情勢からどうしても組閣を引受けなければならなくなり、十月七日大命を拝し、直ちに組閣に取掛かり、十九日組閣を完了した。これが第四次伊藤内閣であり、わが国最初の政党単独内閣であった。

星、疑獄容疑で排斥さる

この内閣には前途に幾多の困難が予想されたが、多年東京市参事会員として市会を牛耳(ぎゅうじ)っていた星が逓相になった途端に、東京市会の疑獄事件が摘発され、星の配下として怪腕を振っていた利光(りこう)鶴松をはじめ市会議員が続々拘置されるに至り、疑惑は星にも及び、星に対する排斥運動が起り、政界の大問題となったので、伊藤も星に自決を促さざるをえなかった。こうして星は辞め、後任に原敬(報知新聞記者を振出しに巧みに新聞界と官界を泳ぎ、毎日新聞社長を経て、政界に転じた。)が選ばれた。

伊藤は党内における星の勢力に押しまくられ、威令も十分には行われなかった。そこで議会が始まると、星と尾崎を院内総務に任じて、二人を協力させ、というより尾崎をして星を牽制させようとした。すると星はにわかに病気と称して栃木県小山の別荘に引籠り出て来なくなってしまった。伊藤は困って尾崎に相談したから、尾崎は「星君の病気は心配ありません。私が治してあげましょう」といって、院内総務を辞した。案の定星はこれを聞いて直ちに上京し、独りで院内を切り廻した。

四　政権、伊藤から桂へ

明治三十三年十二月二十二日、第十五議会が召集された。

貴族院の猛烈な反対

政友会は院内に絶対多数を擁していたので、衆議院の方は心配なかったが、伊藤の政党組織に反感をもつ貴族院（貴族階級の代表、多額納税者の代表、及び勅選された学識経験者を以て構成された。）が反政府的行動に出て、伊藤を困らせた。

かくて貴族院が反政府的になったのは貴族院に大きな勢力をもつ山県一派が、政党を基礎として成立した伊藤内閣に反感をもったためであった。こうして山県門下の清浦奎吾（山県門下の逸材で、明治二十四年四月貴族院議員勅選、二十九年九月司法大臣就任）などが中心となって活躍し、政府の増税案が衆議院から回附されると、十五名の特別委員会に附し、審議わずか一回にして大多数で否決してしまった。

このときの政府提出の予算案は歳入総額二億五千五百余万円で、酒税・砂糖税・海関税の三種によって一千八百二十余万円の増税を図り、別に葉煙草専売率の十三割を十五割として三百二十余万円を得て、軍事費・災害準備基金・教育基金に充てる計画であった。

伊藤、山県に救援を依頼

伊藤は当惑し、京都に滞在中の山県に急電を発して貴族院の態度緩和を依頼し、山県は伊藤の要請により清浦ら門下の人々に増税案に対する態度を改めるように書簡を発したが、貴族院は依然として強硬（きようこう）だった。すると伊藤はその得意とする最後の手を出し、天皇の力にすがって難局を切抜けようとし、参内してこれを懇請し、陛下は山県・松方の上京を促し、政府と貴族院との間を調停させた。

ところが山県・松方は西郷・井上とも協議し、調停案を作って、貴族院側を納得させようとしたが、貴族院側は応ぜず、山県らは参内して陳謝し、十二日四元老相携えて伊藤を訪問した。この時伊藤は「もはや憲法中止か、貴族院改造の外執るべき方途なし、然らざれば後図(こうと)を諸君に托して自ら下野せんのみ」(『伊藤博文伝』)と最後の決意を述べた。そこへ宮内大臣田中光顕来り、天皇が近衛議長に勅語を下したことを伝えたので、伊藤はじめ一同は愁眉(しゅうび)を開いた。こうして漸く増税案は委員会再附託となり、原案のまま可決し、本会議もまた満場一致でこれを通過させた。

単独政党内閣も短命

ところが、第十五議会終了し、伊藤はホッとしたのも束の間、今度は予算案施行の問題で渡辺蔵相と諸閣僚との間に抗争を生じ、伊藤は内閣不統一の理由で辞表を提出し、渡辺蔵相だけは頑張ったが、ついに陛下から諭されて辞表を提出するに至り、総辞職となった。かくてわが国最初の政党単独内閣はわずか七ヵ月にして瓦解(がかい)した。さきの隈板(わいはん)内閣といい、今度の伊藤内閣といい、政党を基礎とした内閣がいずれも極めて短命であったことは政党内閣の前途に暗影を投ずるものであった。

伊藤内閣の後を継ぐべき内閣の首班者はまたも甚しい詮考難に陥った。天皇は山県・松方・井上・西郷の四元老に相談されたが、元老側にも名案なく、持ち廻った揚句、井上に押しつけ、十六日大命は彼に下った。そこで井上は桂太郎を陸相に挙げ、渋沢栄一（若い頃大蔵省に出仕、後財界に活躍し、勢力を張った。明治二十三年十月貴族院議員勅選）を蔵相に推す計画で組閣準備を進めたが、桂も渋沢も入閣を承諾しなかったのでついに大命を拝辞し、井上内閣は流産に終った。

後任難から大命ついに桂へ

四元老はまたも協議した結果、桂を推薦することに決し、二十六日に桂に大命が下った。しかし桂はすぐには引受けかねたものと見えて、伊藤を訪問して留任を勧め、参内してこれを奏請したので、陛下は諸元老に問うた上で、伊藤を招いた。ところが伊藤は固辞して、桂を推薦したため、桂もついに組閣に当る決意を固めた。伊藤が内閣を投げ出してから実に一ヵ月も経過した。如何に後任難であったかが想像できよう。

こういう事情で桂内閣ができたので、政友会の桂内閣に対する方針は決らなかった。そこへこの決定を困難にする特別の事情が加わった。というのは党の実力者たる星が突如暗殺されたことである。時は六月二十一日午後三時、場所は東京市会の参事官室、犯人は伊庭（いば）想太郎と名乗る剣客であった。

第十一　東京市長時代

一　桂内閣と取組む

伊藤突如外遊

桂内閣の成立によって野党となった政友会は、党務執行の中心機関として常務委員を設け、尾崎のほかに星亨・片岡健吉（青年時代国会開設運動に参加し、自由党で活躍、後衆議院議長となる。）・大岡育造（自由党で活躍、衆議院議長、文部大臣）・原敬の四人が挙げられたが、このうち星は二週間後に欠けてしまった。

伊藤は政友会創設当初のように党務に熱心でなく、対政府方針を決めずに外遊した。桂内閣の成立に内心快くなかったためでもあろうが、『伊藤博文伝』によれば、米国エール大学の創立百年祭に招かれて、各国巡遊を試みようとしたところ、井上馨（かおる）に勧められて、ロシアに赴き、日露協商を実現せんとしたためである。伊藤は九月十八日横浜から出航して渡欧の途に着いたが、目前に第十六議会の開会を控えていたので、尾崎と松田正久とを院内総務に命じた。しかし格別政府に対する注文はなかった。

桂攻撃にかかる

松田とともに院内総務を任（まか）された尾崎の任務は重大であったが、伊藤総裁から何の注文もないので、尾崎は種々考えた結果それを白紙委任状を与えられたものと解した。十月十一日に神田錦輝館で党の東京支部大会が開かれ、尾崎は一場の演説を試みたが、尾崎はその冒頭に、「伊藤侯の一身両様の使い分けに倣（なら）い、尾崎一体を四面に分ちて、各方面より略述する所あるべし」と述べ、「硬軟使い分けの演説」といわれる演説を行った。尾崎の心境と立場は極めて複雑であった。

しかし持前の攻撃精神から第十六議会が始まると、財政問題で政府攻撃の質問を試みたところ、政府は忽ち窮地に陥り、妥協を申込んで来た。勝ち誇った尾崎は会見の場所や相手に注文をつけ場所は帝国ホテルとし、政府側から桂と海相の山本権兵衛、政友会側からは尾崎と松田が出席した。

議会における演説で政府を窮地に陥れたため慢心していた尾崎は、二人を相手に高姿勢をとったところ、桂首相は頗る温順で、言葉も柔らかかった。しかし肝心のところでは、尾崎らの要求に応じなかった。

党内の妥協論に悩まさる

ところが尾崎がこうして政府と交渉している最中に、政友会の内部から強硬論に反対するものが続々現われ、尾崎の立場を困難にした。そのうちにロシアにいる伊藤からは、「あまり強く攻撃するな」という意味の電報が来たので、不名誉を忍びながらも桂と妥協し、伊藤の帰国を待つことになった。ともかく最初与し易しと侮った桂内閣のために散々やっつけられた。尾崎は隠忍自重して次の機会を待つことにした。

その機会は第十七議会であった。明治三十五年十二月六日、議会が召集されると、政府はまず海軍拡張案と地租増徴案とを提出した。尾崎は党内多数の意見をまとめて、海軍拡張案には賛成、地租増徴案には反対の態度を執ることに決し、議会における作戦計画を練っていた。この時伊藤もすでに帰国していたので、政友会は陣容を新たにして戦うことができる状態であった。

桂内閣孤立に陥る

しかも地租増徴案には憲政本党も反対を表明していたので、ここに両党は一致の行動を採ることになり、主として加藤高明が斡旋して、伊藤・大隈の接近を図り、両巨頭は加藤邸に会見し、旧交を温めて意見を交換し、一致して政府に当ることを約した。その上帝国党と三四倶楽部も同じく政府反対を表明したため、桂内閣は全く孤立無援となった。

狼狽した政府は五日間の停会を奏請し、その間に議員の買収・誘惑を図り、各派の結束を破ろうとしたが、駄目だった。そこでさらに一週間の停会を奏請し、その間に児玉陸相が箱根に滞在中の伊藤を訪うて、調停を懇請したが、これも峻拒(きょ)された。

かく野党の結束は固く、万策尽きた桂内閣は衆議院が地租増徴案を票決せんとするや、突如解散を断行した。しかしこの無謀な解散の報いは忽ち桂内閣の頭上に落ちた。三月一日行われた総選挙の結果は、政府のひどい干渉にもかかわらず、政友会は百九十三、憲政本党は九十一を獲得し、野党側の大勝となった。

伊藤、土壇場で妥協

ここにおいて桂内閣は苦境に陥り、進んで再度の解散か、総辞職かの岐路に立ったところ、桂は親分の山県に泣きつき、彼の力に頼って政友会との妥協を図った。ここで政友会が動かなければ、桂内閣は退陣せざるを得なかったが、最後の土壇場で伊藤は山県に口説き落され、尾崎ら幹部には何の相談もなく、妥協に内諾(ないだく)を与えてしまった。

山県は日露間の関係が次第に緊迫(きんぱく)しつつある状勢であるから、桂内閣を援助してもらいたいと国際情勢の悪化を理由に伊藤を口説いた。事実日露間の風雲極めて急となり、何時戦端が開かれるか予想もつかない情勢であった。

二　脱党から東京市長へ

伊藤の豹変に憤慨

第十八特別議会は明治三十六年六月八日召集された。

これより先き、伊藤の政府との妥協に憤慨し、幹部攻撃の声高まり、党内は大

明治36年東京市長時代初期の尾崎行雄(46歳)

混乱に陥り、幹部は総辞職を行ったので、伊藤は議会中の臨時体制として三十名の協議員をおき、その中から三名の常務員を指名した。常務員には尾崎のほかに松田と原が挙げられ、三人とも院内総務を兼ねることとなった。

尾崎は伊藤の態度豹変（ひょうへん）に最も憤慨していたものの一人で、その去就についてすでに深く意を決していたけれども、党内における地位から見て軽挙することはできないので、暫く隠忍し、最高幹部の一人として党の指導に当った。

地租増徴案は議会解散の原因であったから、政府は形式的に再びこれを議会に提出したが、委員会は直ちにこれを否決し、続いて本会議の日程に上った時、政府は停会を奏請し、この停会中、桂は伊藤を訪問し、正式に妥協交渉の開始を求め、尾崎らの院内総務が首相官邸で桂・山本・曾根の三相と会い、政府側は地租増徴案を撤回し、代り財源として公債発行・鉄道繰延・電話電信繰延及び行・財政整理の妥協案を提出した。この時桂は「既に伊藤総裁の諒解済みである」といい、頗る高圧的な態度を示したので、三人は事の意外に驚いたが（『原敬伝』）事実は桂のいう通りなので、政友会代表は妥協案に応ずるのほかなかった。

尾崎ら三十余人ついに脱党

そこで尾崎はついに政友会脱党を決意し、口頭にて伊藤にこれを伝えた。伊藤はこれを聞くと深く慨嘆し、尾崎の翻意を勧めたが、尾崎はついに伊藤の勧説に応じなかった。尾崎に次いでまず片岡健吉がこれに倣い、引続き三十人ほど脱党し、これら脱党者の大半は同志研究会という新団体を組織して独自の政治的立場をとった。この団体には尾崎を筆頭として加藤公明・奥田義人・小川平吉・望月小太郎・望月圭介らが加わり、少数ながら政界に重きをなした。

政友会を脱党した尾崎は今までの多忙から解放されたので、これを休養のよい機会であると解し、暫く静養しようと考えたが、それに健康上の理由もあった。というのは政界の第一線における慌しい活動に加えて、二十数年起居を共にした繁子夫人の病気が重くなり、公私ともに身心を労することが多かったため、尾崎は強い神経衰弱に罹(かか)っていたのである。

口説かれて東京市長に就任

しかし尾崎は暫くでも閑地にあることを許されなかった。ある日、旧友の丸山名政(憲政本党)と中鉢美昭(政友会)の二人の訪問を受け、突然東京市長になってくれと申込まれた。当時は市会の推薦で市長が決定される制度であったし、衆議院議員と兼務して差支えなかった。

尾崎は若い頃東京府会に出て沼間守一を相手に活躍したことは既報の通りだが、それ以後は東京市の問題には無関心だったので、籔(やぶ)から棒の申込みに驚いた。殊に少し静養でもしようと思っている矢先きだったから、劇務に堪えられまいと思って辞退した。

すると両人は、「市の実務は我々両人が助役となって処理するから、ただ市長の名さえ貸してくれればよい。一週に二―三度も参事会が開かれる時だけ、顔を出してくれれば、平日は出勤しなくともよい」(『日本憲政史を語る』)といって頻りに勧めた。

そこで尾崎はこれを受諾してしまった。当時のことを尾崎は「私は無思慮にもうつかりこの仲介者の口に乗つてそれを本当に受けた。無職の浪人、衣食にも困つてゐる際で、病気静養も思ふようにできない状態であつた。しかも相当の俸給がとれるなら、こんな結構なことはないと思つた。後から考へれば、実に浅はかな考へであるが、その時は真実さう考へた」(前掲書)と述懐している。

劇務の傍ら旧友と戦う

こうしてうっかり市長になった尾崎は、静養どころか劇務に引き廻された。その上参事会に出席して見ると、材木の値段がいくらだとか、割栗道路の坪当りが何円だとか、尾崎に想像もできないことが盛んに論議されていた。尾崎が平凡な人間だと思っている人がこういう問題になるとなかなかの達人で、市長に迫って来るという有様だった。

当時参事会員には大石正巳・大岡育造・神鞭知常・江原素六・奥田義人などの旧友が揃っていたので、尾崎はひそかに彼らの応援を期待していた。ところがこれらの旧友たちは尾崎を援けるどころか、いじめる側に立った。馬鹿々々しいから辞職しようかと思ったが、何もせずに引退っては物笑いになると思って、劇務の傍ら、旧友を相手に戦った。

三　家庭環境の変化

繁子夫人病死、英国娘と再婚

尾崎が市長となった頃から日露の風雲いよいよ急となり、ついに明治三十七年二月開戦となったため、市政も繁忙を加え、尾崎はますます忙しくなった上に、この年の九月病気中の繁子夫人が逝去し、家庭にも大きな変化が起った。

この時尾崎は彦麿・行衛・行輝・清香と三男一女の父であった。彦麿以下の令息はすでに母の手を煩わす必要のないまでに成長してはいたが、母の死から与えられた境遇の変化は大きかった。殊に尾崎は一年後に日英人の混血児で英国育ちのテオドラ Theodora という婦人と再婚したからである。

テオドラ嬢は尾崎三良が英国留学中に英国婦人との間に生れた混血児で日本名を英子と呼んでいた。尾崎三良は明治初年に政府に入り英国へ留学、帰国後元老院議官となり、さらに法律取調委員を命ぜられ、各種法制の整備に当った人である。そして奇縁ともいうべきは尾崎の義父となったこの尾崎三良は尾崎が東京退去を命ぜられた保安条例の起草者であったことだが、英子嬢と結ばれるに至ったのも不思議な因縁である。というのは彼女に宛てた手紙が郵便配達の間違いから尾崎の許に舞込んだ

明治38年尾崎行雄と新夫人テオドラ（48歳）

のを彼が誤って封を切ってしまったため、自ら彼女を訪問してこれを謝したところ、彼女はこの訪問を受けて、大変恐縮するとともに、尾崎に尊敬を感じたからだといわれる。

新生活からの影響

現職の東京市長と混血児の結婚が世間を驚かせたのはいうまでもないが、この結婚は尾崎にもその家庭にも革命的な変化をもたらした。第一に尾崎と英子夫人との間ではすべての会話に英語が用いられたこと、第二に家庭生活が大体洋式に改められたこと、第三に欧米人との交際が広くなったことなどである。

これらの変化は尾崎に善悪ともに大きな影響を与えたことはいうまでもない。まず善い方の影響としては第一に尾崎の日常生活における規律は一層厳格になり、例えば夜遅くまで痛飲するというようなことはなくなり、規則正しい生活により、尾崎の健康は大分回復し、第二に従来の東洋趣味及び東洋的教養に加えて西欧趣味及び西欧的教養が一層深くなり、尾崎は東西の趣味と教養を身につけ、世界的

軽井沢の別荘生活

政治家の風格を備えるようになった。

しかし悪い方の影響としては、第一に彦麿以下の令息・令嬢と尾崎との間に若干ミゾを生じ、第二に政友や同志との私的交際の機会が少なくなったため、尾崎に対する種々の誤解を生じ、これが政治活動に相当大きなマイナスとなったようである。

尾崎英子（テオドラ）夫人(左)と九条武子夫人(右)(大正9年頃のもの)

尾崎は英子夫人との結婚後、軽井沢に別荘を営むようになり、後に池の平の楽山荘に住むようになるまでの三十余年間外遊中を除き毎年初夏から初秋、時には晩秋まで軽井沢で暮した。そのために尾崎は軽井沢の主といわれ、尾崎の別荘たる莫哀(ばくあい)山荘は軽井沢の名所とさえなった。

もっとも東京市長在職中は長期間の滞在は許されないので、日曜や祭日をはさんで三—四日を同地に送るに過ぎなかったし、その別荘も借別荘であった。莫哀山荘は東京市長を罷めてから、ある英国人の所有となっていたものを格安に買入れたもので、市長の退職金を以てこれに充てた。

四　日露戦争直後の政情

奉答文事件で解散

尾崎が政友会を脱退し、東京市長に就任してから後、間もなく伊藤も総裁の地位を退き、枢密院議長となり、枢密院議長西園寺公望が伊藤の後を継いで政友会総裁となった。

そこへ明治三十六年十二月十日第十九議会の開院式が行われたが、冒頭河野議長の奉答文事件が起り、議会は突如解散となった。

奉答文事件というのは、議会開会の冒頭、恒例として議長から奉答文を上奏するが、この中にひそかに政府弾劾の字句を入れ、河野議長がこれをそのまま読み上げた事件で、発案者は策士として聞えた秋山定輔であり、尾崎はその賛成者だった。

日露戦争に勝利

第九回総選挙は明治三十七年三月一日に行われたが、これよりさき二月六日日露の国交断絶、引続いて十日宣戦が布告されたため、総選挙はほとんど国民の関心をひかず、その結果は解散前とほとんど差異はなかった。

戦争の開始とともに、野党が一斉に政府攻撃の鉾を収めたことも日清戦争当時と同様であった。日清戦争と異なり日露戦争は苦戦したが、アメリカはじめ世界各国の同情が日本に集まったことや、ロシアに内乱が生じたことなどのために日本側の勝利を以て終結した。

戦争が終結すると、戦時中攻撃を中止していた野党は猛烈な攻勢に転ずべき形勢を示したから、桂は怖気(おじけ)づいて第二十二議会が開かれると間もなく、西園寺政友会総裁を後継者に推して総辞職を行った。

原、政府の実権を握る

かくて西園寺内閣は明治三十九年一月七日に成立したが、その閣僚は大部分藩閥官僚の出身者で、政友会から入閣したものは松田正久と原敬の二人だけであった。その顔触れは少しも変り栄えしない上に、この内閣は議会開会中に成立したので、新内閣独得の計画を立てる余裕もなく、ほとんど桂内閣の政策をそのまま踏襲して議会に臨んだために国民は失望した。

第二十二議会を終えると、西園寺内閣は漸次独自の政策を実行せんとする意図を明らかにした。といっても西園寺自身は何事にも執着しない性格であったから内閣の運営は松田と原敬、特に内相たる原敬の手に委(まか)された。原はまず地方長官の大移動を行い、ついで地方行政改革に着手し、さらに第二十三議会には前議会で審議未了となった郡制廃止案を再び提出した。

ところが原の措置は官僚一派の猛烈な反対に会い、ひいては桂と西園寺内閣との関係を悪化した。この頃から内閣を倒しにかかったのは大同倶楽部であった。郡制廃止案が提出されると、大同倶楽部は憲政本党と一緒になって、これに反対した。

大同倶楽部は西園寺内閣成立の直前、帝国党・中辰倶楽部・自由党及び無所属の一部によって組織された政党で、議員六十三名をもち、桂太郎や大浦兼武らの官僚一派がこれを指揮し、前議会では西園寺内閣を援けた。

尾崎らの政交倶楽部はその後興猶会と改名し三十六名であったが、その大多数は郡制廃止案に賛成であった。そこで原案は一六四対一八八で衆議院を通過した。ところが官僚一派の根城である貴族院は一〇八対一四九でこれを否決し、桂と西

西園寺内閣の総辞職

園寺内閣との関係はいよいよ悪化した。

こういう形勢の下に五月二十五日総選挙が行われ、政友会一八七、憲政本党七〇、大同倶楽部二九、興猶会二九、無所属六四となり、政友会は前議会より著しく議席を増加した。原敬らはこれで内閣を持続できると考えたが、西園寺は桂らの反撃のますます激しいのに嫌気がさしたのか、静養と称して大磯に引籠り、七月四日後任に桂を推薦して総辞職した。

五　桂内閣と政界再編成

第二次桂内閣の高姿勢

西園寺内閣辞職の後を受けて生れた第二次桂内閣は一人の政党員も交えぬ純然たる官僚内閣であった。桂内閣は「政見を同じうする政党とは喜んで握手する」と一応政党との提携をうたいながらも、「漫り(みだり)に勢力を頼んで圧迫を加ふるに至れば、たとえ幾度解散を行ふことも敢へて辞せざる所なり」と声明した。

これに対し西園寺総裁は桂内閣成立後に開かれた党大会において、「政府に対しては最も公平に、且つ好意を以てし、これをしてその責任を完了し、経綸を誤らざらしめんことを希望する」と述べた。政友会がこういう態度に出た以上、政府はこれと提携し、これを与党化することを得策と考えた。こうして桂と西園寺、ひいては桂一派と政友会との妥協政治は後に尾崎や犬養を先頭とする憲政擁護運動の起る（大正元年）頃まで続いた。これは実質的には藩閥官僚の勢力と政党の一部勢力たる政友会との妥協政治であった。こういう情勢において桂一派の勢威が高まるのはもちろんだが、政友会も著しく勢力を増し、漸次大政友会が築かれつつあった。

政友会へ戻る

尾崎が再び政友会に入ったのは興猶会が改組して又新会が成立した後間もなくであった。その発会式は明治四十一年十二月二十一日芝の紅葉館で行われたが、座長河野広中のあいさつも、「特に各人の意志は情誼上衆議に従ふは別として、絶対に他に屈すべきにあらざれば、若し意志相合せざる時自ら処決をなすを至当とすべし」と述べ、いわゆる一人一党主義を主張した。

尾崎はこの年の九月東京市長に再選され市政に忙しく、この新団体にも一会員として名を連ねていただけだった。したがって尾崎が政友会へ帰ったのも格別理由はなかった。伊藤総裁が西園寺総裁に代ってしまった以上、尾崎が脱党した理由はすでに全く消滅していたので、借家を住み変えるぐらいの気持で又新会から政友会へ転じたのであった。

桂の新党工作と犬養の活動

当時桂一派は一方に政友会との提携を策しながらも、他方に非政友大合同を策し、新政党の樹立を図っていた。他方憲政本党は大石正巳を擁する改革派と犬養毅らの本領派が争って、改革派は全く勢力を失い、犬養らが党を率いて、又新会に合同を提議し、民党合同の運動に着手した。又新会はこの提議に接すると忽ち分裂して民党系のものは脱退して無名会を作り、犬養の提議に応ずる態勢を整えた。

かくて明治四十三年三月十三日立憲国民党が生れた。これは憲政本党の全部と無名会の全部及び又新会の過半数が加わり、九十二名となり、犬養・大石・河野の三人が総務となって、党務に当ることになった。犬養の合同運動は政界の分野を明らかにし、政友会が二百四名、国民党が九十二名、官僚派を以て三月二日に生れた中央倶楽部が五十二名となり、三派鼎立の形勢となった。

犬養、桂打倒を策す

国民党が成立すると、犬養はひそかに政友会と連合して桂内閣打倒を策し、政友会に申入れたが、原から一言の下に断られたので、犬養の計画は挫折した。しかし政友会の中にも幹部の桂内閣との提携に不満を抱いているものが少くなかったから、犬養の連合提議があると忽ち動揺し、風雲漸く険悪になった。

この時幸徳秋水らの大逆事件と南北朝正閏（せいじゅん）問題が起り、第二十七議会が開かれると国民党は、両問題を取上げて政府問責案を提出し、犬養がその説明に当った。

大逆事件は無政府主義者幸徳伝次郎(秋水と号す)が天皇の暗殺を企てたとして十一名の同志とともに死刑に処せられた事件、未だに真相は不明。また南北朝正閏問題とは小学校の国定歴史教科書中に「南北正閏軽重に論ずべきにあらず」と記述されていたのを、又新会所属の藤沢元造が問題にしたものである。

この問責案は三〇一対九六を以て否決されたが、桂内閣の前途に暗影を投じ、桂は西園寺を訪うて政友会の援助を懇請した。こうして桂内閣はどうやら無事に第二十七議会を切抜けることができた。しかしその年の八月二十五日、桂内閣は突然「組閣当時公表した政綱の大部分はすでに完成した」との理由で後任に西園寺を推薦して辞職した。

第十二　憲政擁護運動

一　桂の出馬に非難高まる

西園寺内閣と増師問題

桂内閣が辞職すると西園寺公望に大命が下り、彼は政友会だけで内閣を組織し、陸海軍大臣を除き政友会員または政友会系の人物だけを閣僚にした。

その三ヵ月後に迎えた第二十八議会が終ると間もなく、衆議院議員の任期満了で五月十五日に第十一回選挙が行われたが、その結果は政友会二一一、国民党九五、中央倶楽部三一、無所属四四となり、政友会はますますその勢力を加えた。それにもかかわらず、西園寺内閣は二個師団増設案で忽ち危機を迎えた。というのは陸軍大臣上原勇作が、内閣がもしこれを拒絶すれば、陸軍省所管の整理案は立案しないと声明したからである。

二個師団増設案とは朝鮮に二個の師団を設けて西方の守りを固めようとする陸軍省の立案で、第二次桂内閣時代に提出されたが、これは首相兼蔵相の桂から拒絶され、ついで西園寺内閣が要求されたときには四十六年度に実現させる条件で延期されたのである。陸軍は約束の四十六年度の予算編成の時期が来たから要求したので無理もなかったが、財政の窮乏は改まらず、西園寺内閣は緊縮主義を採り行・財政整理を行わんとしていたのである。

桂の外遊、明治天皇崩御

この時桂は突然外遊を発表し、明治四十五年七月六日、元逓相の後藤新平、元大蔵次官の若槻礼次郎その他を率いて欧米視察の途に上った。ところが一行が露都モスコウに到着したとき、桂は明治天皇重態の報に接し、急ぎ帰国の途につき、間もなく七月三十日を以て天皇崩御の報知を受けた。

桂が新橋に帰着したのは八月十一日であったが、その翌々日の十三日、彼は内大臣兼侍従長に任ぜられた。これは世間の物議を招いたが、当の桂は得意満面であった。

一方西園寺内閣は増師問題から暗礁(あんしょう)に乗上げ、十一月に入っても予算を編成することができず、あくまでその実施を主張する上原陸相は西園寺から拒絶されると、山県や桂にその経過を報告し、十二月二日辞表を提出したので、続いて同月五日西園寺首相は内閣不統一を理由として総辞職した。しかも彼は従来の慣例を破って後任の推薦をしなかった。桂園(けいえん)妥協政治は終ったのである。

内閣の死活を握る陸軍

内閣が一陸軍大臣の辞任で倒れるなどということは現在では想像もできない現象だが、当時は陸海軍大臣は現役大・中将に限るという官制があったため、陸海軍のどちらかが一致して入閣者を出さない場合は内閣は組織できない建前であり、また陸海軍からボイコットされれば内閣は持続できないのである。しかも陸軍は長州、海軍は薩摩が押えていたから、両藩閥は事実上内閣の死活権をもっていたといえる。西園寺が上原の辞職を原因として辞(や)めたとき世間は驚き、長州軍閥による「毒殺」と評した。

こうして長州軍閥に毒殺された西園寺は後任を推薦しなかったので、直ちに元老会議が開かれたが、元老たちは松方正義・平田東助(明治三十四年六月農商務大臣、四十一年七月内務大臣、後、内大臣に就任。)・山本権兵衛・寺内正毅と持廻ったが、誰一人引受けるものがなく、その間会議を開くこと十一回、政局頗る紛糾し、その結果、ついに桂の出馬となった。

予想外な桂の出馬

桂は前述のように内大臣兼侍従長になったばかりであるし、その就任当時非難されたほどであるから、すでに宮中に入った以上暫く政争の圏外に立ち、仮に大命が下ってもこれを拝辞するのが当然とされ、世間は彼の出馬を全く予期しなかった。

ところが桂は元老から推薦されると二つ返事でこれに応じ、しかもその行動に対しては非難が起ることを予想し、「(前略)今ヤ時局ニ鑑ミ更ニ卿ヲシテ輔国ノ重任ニ就カシメンコトヲ惟フ、卿克ク朕カ意ヲ体シ、奨順匡救ノ誠ヲ尽セヨ」という優詔を煩わして、自己の出馬を弁護せんとした。

西園寺内閣を「毒殺」した藩閥の陰謀に憤慨していた民間の有志は、桂が出馬しようとする形勢を見て、期せずして起ち上り、桂の進退を以て宮中・府中の別を紊るものと難じ、彼の行動を非立憲極まるものであると叫び、全国的にその反対運動が起りそうな情勢を生じた。

二　熱狂的な憲政擁護運動

冷静に形勢を見守る

この時尾崎は九年余をつとめた東京市長の職を辞し身軽になっていた。彼も桂の進退には心の底から公憤を感じていたが、借家のつもりで籍をおいている政友会は政府を敵として立つことのできない政党であると思って自重して、容易に立たなかった。それに政友会総務として第一次桂内閣をいじめつけたつもりでいたところ、伊藤総裁に背負投げを喰わされた苦い経験も尾崎を自重させた一つの理由でもあった。

ところが桂内閣に対する世論は意外にも強く、政友会もこれを傍観していることができず、党内には政府反対の意見が次第に強くなった。犬養の率いる国民党は最初から政府反対の気勢を挙げていたので、政友会内の強硬派は旧怨を忘れて国民党と提携すべきことを主張し、世論も政友会と国民党とが一致協力して桂内閣に当ることが藩閥官僚を打倒し、危機に陥らんとする憲政を護る所以であると唱えた。かくて桂内閣打倒運動は憲政擁護運動と名づけられた。

政友会代表として参加

こうして政友会も一部有志が参加する形で岡崎邦輔ら三十余名が国民党と提携し、犬養・尾崎の両巨頭を陣頭に立てて、国民運動を進めるという方針が立てられた。かくて十二月十四日の夕、築地精養軒に「時局有志懇談会」が開かれ、政友会からは尾崎・岡崎ら三十余名国民党から犬養以下数名、その他無所属議員・新聞記者など五十余名が出席した。この会合で憲政擁護というスローガンが掲げ

犬養毅・尾崎行雄・島田三郎

られ、歌舞伎座で旗上げをすることになった。

かかる険悪な空気のうちに十二月十七日、桂に大命が下り、彼は着々組閣を進めた。この間桂の留任交渉をはねつけた海相の斎藤実には留任の詔勅が下されるに及んで、憲政擁護の叫びはいよいよ猛烈となった。

しかし国民党と政友会との提携は必ずしもすらすら運んだわけではなかった。まず「憲政擁護大会」の発起人の選定について犬養は政友会の実力者たる松田

忽ち「憲政の神」にされる

（正久）・原の二人の名を要求したのに、政友会は尾崎・岡崎及び松田定一の三人にしたいといい、次には「それでは趣意書のなかに、断乎妥協を排すといふ文字を挿入しろ」（『犬養毅伝』）との要求に漸く応じて折合いをつけた。

尾崎も犬養同様、西園寺はもちろん原や松田の態度にはあまり信用をおかず、「自分は何時も進みすぎて失敗したから、今度こそは、慎重の態度を執りたいと思ふ」（『日本憲政史を語る』）といっていたが、岡崎が尾崎の立場を保証し、どこまでも尾崎とともに進むようにするといったので、尾崎は漸く腰を上げたのである。

こうして開かれたのが憲政擁護大会である。まず政友会を代表して尾崎が演壇に立ち、次に国民党を代表して犬養が、続いて記者団を代表して本多精一が壇上に叫んだ。国民大衆を前にして街頭に叫ぶのは尾崎にとっては実に十余年ぶりであったが、この演説は聴衆に深い感銘を与えた。殊に多年政界に並立していた尾崎と犬養が十数年間離ればなれになっていた揚句、期せずして相会し、クツワを並べて陣頭に立ったので、世人は歓呼してこれを迎え、尾崎と犬養を「憲政二柱の神」と呼ぶに至った。

このように尾崎と犬養を先頭とする憲政擁護運動は全国々民の熱狂裏に進められつつあったが、桂内閣はこれに挑戦する如く二十一日に成立した。やがて大正元年は暮れて明くれば二年、国民の憤激はますます高まった。まず一月十二日には大阪土佐堀の青年会館に憲政擁護各派連合大会が開かれ、同十六日には日比谷松本楼に政・国両党院外団大会が催され、翌十七日には築地精養軒に全国記者大会、十八日には帝国ホテルに懇親会、二十四日には京橋新富座で第二回憲政擁護大会と矢継早に集会や演説会が開かれた。

各地に咢堂会や木堂会

これらの集会や演説会には尾崎はいつも犬養と前後して演壇に立ち、国民渇仰の的となった。各地に咢堂会や木堂会が生れ、憲政芸者・民党芸者を名乗るものが尾崎や犬養のファンとなって人気を博したのもこの頃である。当時の演説会の模様を尾崎は次のように述べている（『日本憲政史を語る』）。

二人が姿を現はすと、聴衆の間からは「脱帽々々」の声がしきりに起り、喝采は鳴り止まず、しばしば口を開かせなかつた。やがて論歩を進めると、聴衆は粛然として水を打つたごとく、勿論弥次を発するものは一人もなかつた。

二月九日、両国の国技館に開かれた両党院外団主催の大演説会は、来会者二万と称せられ、さしもの大会館に入りつくさず、大混雑を極めた。

三　弾劾演説に立つまで

桂政党組織を決意

憲政擁護運動の嵐のような勢いにさすがの桂も意外の感に打たれ、かつ再開を前にして予想される議会の形勢不安を感じたが、彼はその対策として伊藤の故智（こち）に倣（なら）い、自ら一大政党を組織せんと決意し、後藤新平・杉山茂丸・秋山定輔を参謀格として活躍させた。

当時中央倶楽部（三十四名）は桂の腹心たる大浦兼武が率（ひき）いていたから政府の与党たることもちろんであったが、国民党の中にも大石ら改革派の伏兵が多数あった。桂はこの両派を母体として新政党を組織し、政友会の一角を切り崩してこれに加えんと企てた。

桂の新党組織計画に国民党動揺

こうして一月二十日、彼が三田の私邸で後藤立会（たちあい）の上で新政党計画を発表すると、忽ち国民党は大動揺を来し、大石正巳・河野広中・島田三郎・箕浦勝人・武富時敏のいわゆる五領袖（りょうしゅう）は脱党して桂の傘下に走り、続いて脱党派続出し、その数四十六名に及び、国民党は四十一名の小数党になってしまった。

一月二十一日議会が再開されると、桂首相は詔勅を乞うて十五日間の停会を行い、その間新党の樹立を急ぎ、党名を立憲同志会と名づけ、二月一日創立事務所を帝国ホテルにおき、しきりに勢力の拡大を図った。しかし参加議員は中央倶楽部の三十四名、国民党脱党組の四十六名、その他六名、合計八十六名に過ぎなかった。

これよりさき政・国両党はそれぞれ大会を開いて結束を固めるとともに、桂内閣不信任の宣言を発表した。こうして憲政擁護運動が漸次固まって来た。するとこれを白眼視していた松田や原もついに集会に顔を見せるようになった。

内閣不信任案は停会明けの二月五日の議会に提出された。提案者は尾崎のほかに元田肇（はじめ）・松田正久・犬養毅・関直彦の四人で、賛成者は実に二百九十九名に達した。この日護憲派議員はいずれも胸に白いバラの徽章をつけて登院し、政・国両党とも一人の欠席者もなく、開会前議会は早くも異状な緊張を示していた。

憤激して演壇に立つ

政府との決戦を前にして、政友会はどういう陣立で戦うべきかを協議した結果、まず元田が質問に立ち、次いで尾崎が攻撃することになった。かくて元田が質問に立ったが、意気揚らず、議場をだれさせてしまった。この有様を議席から見ていた尾崎は心中激しい憤りを感じ、やがて演壇に立つや、渾身（こんしん）の力を籠めて、桂を攻撃した。この演説はわずか二十分間であったが、演説の進むに従って、桂は顔面蒼白(そうはく)となり、病人のようにしょげ返り、ついに議事を中止するの余儀なきに至った。しかもこれは桂内閣崩壊の原因となったのみならず、桂は辞職後間もなく死亡したので、この演説がその死因であるといわれた。とにかくこの演説は、議会始って以来の大雄弁であるとされ、「彼等は玉座を以て胸壁となし、詔勅を以て弾丸に代へて、政敵を倒さんとするものではないか」との名句は五十年後の今日まで語り草になっている。

尾崎には不満な演説

しかし尾崎自身は、「桂公が椅子から転げ落ちなかつたのに失望し、また予定した方針と違つた演説をしたことを不快に思ひながら席に帰ると、意外にも党の者は私に感謝した」(『日本憲政史を語る』)と語っているように満足ではなかったようだ。当時第一線の新聞記者としてこの演説を目撃した阿部真之助氏は、「尾崎が桂の方を睨(にら)んで指さした姿は名優の演技を思わせるものがあった」と著者に語った。

この演説を以てこの日の議事は中断され、議会は五日間の停会となった。政友会の対政府態度は強硬の一路を辿(たど)ったのみならず、院外の憲政擁護運動は収拾つかぬまでの混乱状態を呈するに至ったので、さすがの桂も退陣のやむなきことを悟り、十日午後再開の衆議院をまたも三日停会させた上、翌十一日ついに辞表を提出した。

四　山本内閣も攻撃

またも政友会を去る

桂内閣退陣後、尾崎は政友会単独内閣か、政友会と国民党との連立内閣か、いずれにしても政党内閣の出現を期待していた。ところが大命は山本権兵衛に下り、山本は政友会の支援を得て組閣する方針をとった。

山本は桂とともに藩閥の巨頭であるから、これまた憲政擁護運動の対象となるべきはずであるが、政友会の幹部は総理大臣・外務大臣及び陸海軍大臣以外の閣僚は全部政友会に入党させるという条件で山本内閣を支持する計画を進めた。

尾崎はこの条件にも反対し、外務及び陸海軍以外の閣僚は全部旧来の政党員に限るべしと主張したがこの主張は通らなかった。そこで山本内閣の成立とともに尾崎を先頭とする反幹部派の強硬分子二十四名は袂(たもと)を連ねて政友会を脱党した。このとき憲政擁護運動で真先きに尾崎をかついだ岡崎邦輔は尾崎に対する義理合いで一時脱党したが、間もなく復党した。

山本内閣が成立し政友会がこれと妥協したので、憲政擁護運動は大いに気勢を殺(そ)がれた。しかし原や松田などに対しては最初からあまり期待していなかったので、その豹変(ひょうへん)も尾崎にはある程度計算されていたが、尾崎とともに陣頭に立ち尾崎とともに「憲政二柱の神」といわれた犬養までが山本内閣に対して厳正中立と称して漸次護憲運動から遠ざかったのは意外であった。後に犬養が第二次山本内閣の一員となった伏線はこの時布かれたのである。

単独で護憲運動を続ける

尾崎は単独で憲政擁護運動を続けた。情勢の変化で護憲運動の政局を動かす実力は大分減殺されたが、国民的気勢は旺（さかん）であったし、犬養の離脱後は尾崎一人に人気が集中し、東京・大阪の大新聞は競って尾崎の片言・隻句を掲載した。大阪毎日などは速記者を尾崎に同伴させ、宿屋の休息室や汽車の中などで談話を取り、「咢堂回顧録」と題して毎日これを連載した。

政友会脱退後の尾崎らは政友倶楽部という団体を組織したが、やがて岡崎邦輔などが政友会に復帰したので、政友倶楽部は花井卓蔵の率いた亦楽会（えきらくかい）と合同し、中正会と名づけ、所属議員三十七名の団体となった。

一方政友会は尾崎らの脱退で一時勢力を殺がれたが、岡崎らの復帰で二百四名となり、絶対過半数を制した。また立憲同志会は結党式を挙げないうちに桂が急逝したため内訌（ないこう）を生じ後藤新平らが脱退し十二月二十三日漸く結党式を挙げ、加藤高明が総理となり、大浦・大石・河野の三人を総務として陣容を整えたが、所属議員は九十二名に過ぎなかった。

山本内閣の業績

山本内閣は政友会の支持を得て第三十議会を切抜け、相当の成果を納めた。すなわち行政整理を進めて、官吏の大量減員を実行し、大正二年度の実行予算で六千六百余万円、大正三年度において七千三百七十七万円の経費節約を予定した。また陸軍を制して二個師団増設案を封じ、山県枢密院議長に迫って枢密顧問官の定員を減じたが、特筆すべきは尾崎ら民党派多年の主張を容れて、陸海軍大臣や朝鮮・台湾総督の任用資格が現役大・中将に限られていたのを予備役まで拡げ、軍部が横車を押す手段を封じたことである。

こうして山本内閣は意気揚々と第三十一議会に臨んだところ、端なくもシーメンス事件と呼ばれる海軍々人の汚職(おしょく)事件が報ぜられ、尾崎ら反対派の激しい攻撃に会いついに総辞職のやむなきに至った。

シーメンス＝シュッケルト電気製造会社の東京支店の一タイピストがわが海軍の艦船注

文に関する重要書類を盗み出して、会社を脅迫し、それに失敗すると、これをロイター通信員アンドリュー＝プーレーに売渡し、プーレーが代って会社を脅迫し、二十五万円を強要したことに端を発し、当局がこれを取調べているうちに、同会社が日本の高官に贈賄していることが暴露し、時事新報のロンドン電報によって明るみに出されたのである。

同志会も尾崎に同調

シーメンス事件を提げて尾崎が演壇に叫ぶと、きのうまでは桂内閣攻撃には極力妨害した同志会が応援者となり、殊に島田三郎は大雄弁を揮い、それに国民党も加わって、民党の意気上り、三派一致の政府不信任決議案の提出となったが、政友会の多数によって葬られた。

しかし院外では国論にわかに高まり、国民大会の開催や政府側新聞社への襲撃となり、群集と警官の衝突などが始まり、護憲運動に生じたような混乱が予想された。この反対気勢は貴族院に反映し、政府不信任の意味を含めて、新予算を不成立にしたので、山本内閣は会期終了の翌日たる三月二十六日に閉院式直後に総辞職を行った。

山本内閣倒れるや、元老は西園寺の決起を促し、次に貴族院議長徳川家達を動かそうとしたが、何れも失敗し、ついに清浦奎吾に白羽の矢を立てた。しかし清浦は海軍から難題を持込まれ、これを拒絶したため、海軍大臣を求める道がなくて組閣を辞退した。世人これを「清浦流産内閣」と呼んだ。

第十三　第一次大戦後の活躍

一　大浦事件の処断

大隈内閣に入閣

そこで再び元老会議は開かれ、大命は八十歳を越えて隠居していた大隈に下り、彼は十数年ぶりに四月十七日組閣した。

大隈はまず加藤に入閣を求め、続いて尾崎と犬養を招いた。尾崎は中正会を代表して法相として入閣したが、犬養は加藤との関係が極めて悪かったので入閣を断った。

大隈内閣成立後欧洲戦争が勃発し、日本もこれに参戦した。もっとも日本の参戦は極東方面に限局され、特にドイツの極東に有する軍事基地の覆滅を企図したに過ぎないから、忽ち目的を達したが、外相の加藤高明はドイツの軍事基地覆滅の作戦が終ると、中国に勢力を伸ばそうとし、二十一ヵ条より成る交渉案件を日置駐中公使に訓令した。清国は日本の要求に屈伏したが、これを欧洲戦争に便乗する中国侵略の意図より発する要求であるとし内外に宣伝した。

大正３年司法大臣時代の
尾崎行雄(57歳)

二十一ヵ条の要求と呼ばれるこの条約は、山東省に関するもの四ヵ条、南満洲及び東部内蒙古に関するもの九ヵ条合せて十三ヵ条より成り、別々に調印された。それも条約の効力発生の規定などを含み、基本的な条項は合せて七ヵ条に過ぎないのに、中国側はその締結後も全文二十一ヵ条に亘る不法要求に屈したものと宣伝し、これを排日運動に利用した。

大浦の「収賄事件」は無根

大隈内閣成立の翌年、大正四年三月二十五日、総選挙が行われ、同志会は一挙に百五十名に増加し、政友会は逆に百四名に減じ、国民党は五名、中正会は一名減じたが、総体的に見て政府側の大勝に帰した。選挙に政府側が勝つのはわが国の通例である。

ところが惨敗した政友会は、政府に何か非違がありはしないかとほじくり廻した揚句、ついに内相大浦兼武の収賄事件なるものをでっち上げた。即ち政友会は四国の丸亀から立候補して当選した白川友一が選挙費用として一万円を大浦に贈ろうとした事実をかぎつけ、これを収賄行為として大浦を告発した。

議員買収事件が浮び上る

しかし尾崎がこれを調べさせて見ると、白川が大浦に一万円を贈ろうとしたのは彼と加治万吉との選挙競争を大浦が調停したため、その労に酬いんとしたもので、純然たる選挙費寄附の申込みであったに過ぎず、しかも大浦はその寄附を拒絶していたことが判り、何ら問題にならなかった。

ところがこの事件をキッカケとして当局が大浦の行為を取調べると、総選挙前の第三十五議会に二個師団増設案を通過させるため、大浦が政府の機密費を以て政友会所属議員を買収した新事実が暴露した。政友会は早速これを告発したから、直ちに取調べて見ると、大浦の行為は明らかに犯罪を構成すべき性質のものであることが判った。

尾崎は内務大臣が法律を犯すことは綱紀紊乱（びんらん）の根源であるから、これを見逃すわけにはいかないと決心した。しかしこれは大浦にとってはもちろん、政府にとっても問題であるから、政府部内からも尾崎に対して大浦を不問に附することを強く勧めるものがあり、大隈にもこれを訴えたが、尾崎はこれに耳をかさず、断平処分することにした。

情理をつくした処断

しかし、問題の人物は同じ内閣にある内務大臣であるから、尾崎は許される範囲内で大浦をかばいたい気持をもち、検事総長の平沼騏一郎や司法次官の鈴木喜三郎などと相談して、種々研究の結果、大浦の政界引退を条件として検挙しないということに省議をまとめた。

尾崎の採った処分案は情理を尽した名案であったが、それでも大浦には大きな痛手を負わす性質のものであった。果してこの案を閣議に持出すと、大浦に対して苛酷に過ぎるという議論が起り、感謝されると思っていた尾崎は却って彼らから恨まれた。これは不正行為に対する尾崎と彼等との思想感情の相違であろう。

結局大浦は辞職した。すると加藤外相ら同志会出身の閣僚は連帯責任論を持出し、総辞職を主張した。閣内は同志会系以外のものも漸次傾き、大隈首相までこれに従った。尾崎は強く連帯責任論に反対していたが、大隈が辞意を固めるに及んで辞職に同意したものの、その理由は他の閣僚と異なることを強調した。

かくて大隈内閣は総辞職したが、陛下は大隈を慰留したので、加藤外相・若槻蔵相・八代海相の三閣僚だけが辞職し、内閣は改造して再出発した。この改造には尾崎の意見が強く反映し、改造前の大隈内閣が加藤内閣であったとすれば、改造後は尾崎内閣ともいうべきものとなった。

三　また藩閥内閣に逆転

大隈内閣に暗影

大正天皇即位の大典が済むと大隈内閣の前途には漸く暗影が投ぜられた。その第一は山県ら藩閥勢力が露骨に反大隈運動を開始したこと、その二は加藤をはじめ内閣脱退派が自ら内閣を組織しようとして策動を開始したことである。その上疲労を覚えたのか大隈自身が辞職を望んだ。

そこで尾崎は一つの計画をめぐらした。それは大隈内閣の存続中に加藤らの同志会、大隈らの公友倶楽部及び尾崎の率いる中正会の三派を合して一大政党を作り、大隈内閣辞職後にも政権が藩閥に逆戻りすることを予防しようとした。

そこで尾崎は新党組織の運動を始めた。同志会は挙党一致これを承認するし、中正会は六－七名を除いて大多数、公友倶楽部は約半数参加することになり、議員百九十九名に上り、一挙にして過半数をもつ大政党が結成された。十月十日に結成式が挙げられ、党名は憲政会、党首は加藤高明が推薦された。

大隈首相突如辞表提出

こうして新党計画は予定通り進んだが、結党式を数日後に控えた十月四日、大隈は尾崎にも相談せず突如参内して辞表を提出した。これは内から大隈の辞職を迫るもの、外から辞めれば元老にするとの好餌を以て誘うものなどあり、さすがの大隈も措置に困惑した結果であろう。

大隈は辞職するに際して加藤を後任として薦めたが、大命は陸軍大将寺内正毅に下った。山県が加藤内閣の出現に強く反対し、寺内を推したからである。世間も藩閥内閣の再現に驚くとともに、にわかに元老の専横を攻撃し、寺内内閣の非立憲を非難した。

寺内の超然主義忽ち破綻

寺内内閣は成立に当って挙国一致と超然主義を唱え、「挙国一致の実を挙ぐるには、政党に基礎を置くのはその宜しきを得る所以ではない。故にわが内閣は、何れの政党にも超然として……」と声明した。昼間お化けが出たような感じである。しかしもはや超然主義で政権を持続できないことはいうまでもない。そこで寺内も加藤に妥協を申込み、それがはねられると、政友会を与党とし、国民党も憲政会と対立するところから勢い与党化した。ただ国民党は当初超然内閣反対を決議し、第三十八議会の冒頭にこれを提案して議会を解散に導く張本人となった。つまり大正六年一月二十五日提出された寺内内閣弾劾案は国民党が主唱し、国民党二十八名に憲政会の百九十八名と公正会の十八名、が加わって成立させたのである。

この時尾崎は憲政会を代表して演壇に立つ予定で、犬養の提案理由の説明と元田の反対論に引き続き演壇に上ろうとしたところ突如議会は解散されたのである。これは全く前例のないことで一同唖然としたが、寺内は桂内閣弾劾の尾崎の演説を想い出し、彼の立つことを最も恐れていたからであろう。

総選挙は四月二十日に行われ、その結果、政友会は五十五名を増加して百六十五名となり、国民党も二十八名から三十五名に増加し、憲政会は七十六名も失ってわずか百二十一名に減り、政府側の大勝となった。

シベリア出兵を論難

寺内内閣の最大の失敗はシベリア出兵で、これは長くロシアの恨みを買うことになり将来にも深い禍根を残した。

それは第一次世界大戦が終末に近づいた大正六年(一九一七)十月、ロシアにレーニンの率いる革命が起り、露・独間に単独講和条約が結ばれると、連合国側にシベリア出兵の計画が起り、同地で革命軍と戦っていたチェッコ＝スロヴァキア軍を救援するという名目で、それが実現し、大正七年三月米国からわが国に提議された。尾崎は強くこれに反対し、筆に舌に大活躍を演じたが、到る所に出兵論が強く、彼の必死の反対も効を奏しなかった。

四　寺内から原へ

米騒動と寺内の退陣

第一次世界戦争は連合国側の勝利を以て大正七年（一九一八）十一月十一日休戦となった。

四年間の戦争は交戦諸国の政治・経済・思想に大影響を与えた。ロシアには共産革命が成功し、ドイツやイタリアには皇帝の退位や政体の変革が行われ、その上各国いずれも物価騰貴（とうき）に悩まされた。

物価騰貴の波はわが経済界に押し寄せ、特に主食品の米の値段が吊上げられたので、国民は生活不安に襲われた。米価は七月下旬には一石五十円を超え、前内閣当時の三倍に達した。かくていわゆる米騒動が起り、忽ち暴動化して、全国的混乱を生じた。

政府は一千万円を支出して外国米を輸入する一方、強制的に農家の貯蔵米を買収して都市の消費者に廉売（れんばい）を行ったため、騒動は漸く平穏に帰したが、寺内は職に留まることができなくなり九月二十一日総辞職を行った。

初の政党単独内閣生る

後継内閣の首班には元老一致の推薦で原敬が決定し、原内閣は二十九日に成立した。原内閣は軍部及び外務を除き、全部政友会員で占め、はじめての純然たる政党単独内閣であった。尾崎は憲政会にいたが、原内閣が政党内閣である故に好意的中立の立場を執った。

こうして尾崎は小閑を得たので、戦後の欧米諸国の実状を見るために、欧米視察の旅を計画し、大正八年三月十七日横浜を出帆し、約十ヵ月の旅を終えて十二月三十一日に帰国した。尾崎がこの旅行から得たものは当時喧ましくなっていた普通選挙論に対する態度の変化と、戦争及び軍備に対して新しい見方をもったことである。

当時選挙権は直接国税三円以上を納める男性の戸主にだけ与えられていたのを改めて、納税による制限を撤廃しようとするものであったが、政友会は時期尚早であるとして反対し、憲政会と国民党は賛成であったが、憲政会には異論もあり、その条件について対立があった。

普選運動の先頭に立つ

尾崎は渡欧前には普選尚早の意見であったが、帰国後わが国に過激な直接行動による社会変革をめざす思想がはびこっているのを見て、普選によってその方向転換を図らなければならないと考えて普選運動の先頭に立ち、次に日本が欧米の歩みに逆行して軍国主義を謳歌する傾向があるのを見て、敢然立って軍縮を主張した。

まず普選問題については加藤ら幹部の考えは「満二十五歳以上の男子にして独立の生計を営むものには大正十四年以後に選挙権を附与すべし」という生温(なまぬる)いものであったが、尾崎は島田三郎・大竹貫一・田中善光・小泉又次郎・鈴木富士弥らとともに「大正十四年」を「即行」とし、「独立の生計」の削除(さくじょ)を求めた。結局九年一月二十一日の休会開けを前にして開かれた代議士会において、「大正十四年」を「次期総選挙」と改めることで漸く党議がまとまった。

こうして普選案は漸く議会に提出されたが、政府と政友会は頑強に反対していたので、議会を通過する見込みは立たなかった。それにもかかわらず、本会議における一応の討論が済むと原内閣は採決を待たずに議会を解散した。

五　憲政会からも追わる

総選挙は大正九年五月十日に行われたがその結果は政友会二八一、憲政会一〇

八、国民党二九、無所属四六となり、政友会は百十九席も増して圧倒的多数となった。

この年の十二月に開かれた第四十四議会で普選案はまた議会の中心問題になったが、憲国両党は別々に提案した。憲政会案は加藤総裁らの意見を反映して独立生計説を織込んで普選の精神は骨抜きになり、第四十二議会には急進的な提案を行った国民党も今度は憲政会案と大同小異なものを作って提案した。

翌年二月三日の議会ではまず国民党案が否決された。憲政会案も国民党案とほとんど同趣旨であるから、憲法第三十九条の「一事不再議」の条項に違反するので、尾崎は同案の討論を無用とし同志の田川大吉郎をして議長に注意を促したが、議長はこれを承服しなかった。そこで尾崎は一言奥議長に注意を与えて、サッサと退場し、採決をボイコットした。もちろん田川も尾崎に倣った。

憲政会から除名さる

するとこれは忽ち憲政会の大問題となり、田川は党紀紊乱を理由として除名となった。尾崎に対しては党の長老の故に除名を遠慮し、脱退を勧告した。しかし尾崎は、「この問題の発頭人は私であつて、田川君ではない。田川君を除名するくらいなら私をこそまず除名すべきである」(『日本憲政史を語る』)と主張し、脱党の勧告を拒否したため、ついに除名となった。

憲政会からの除名によって尾崎の党人生活は終り、爾来無所属議員として縦横に働いた。尾崎も「私は憲政会から除名されたため、却つて自由の身となり、軍備制限その他思ふままに主張することができた。むしろ好都合であつた。その方が、自分一人のためのみならず、帝国のため、世界のため、却つて利益であつたかも知れない」(前掲書)と述べている。

尾崎の政党遍歴

尾崎は何人よりも熱心な政党政治の主張者でありながら、一政党に長く留まらず、転々として党籍を変え、ついには無所属議員となったという一見矛盾した事実は如何に解すべきであろうか。

ここで尾崎の党歴を見ると、明治十五年大隈の傘下に改進党を組織しその後身たる進歩党に在籍しながら、伊藤の新党計画に参加して進歩党から除名され、また伊藤の下に政友会を組織しながら、政友会からは一度ならず二度までも脱退し、憲政会も自ら創立者となったにもかかわらず、除名されたのである。その間同志研究会・政交倶楽部・興猶会・中正会の創立者となるなど、尾崎は目まぐるしい政党遍歴の後三十余年間無所属で通した。

尾崎がかくも転々と党の所属を変え、ついに無所属議員になったことは世俗的意味における出世の妨げとなったが――犬養は総理大臣になったのに尾崎は二度平大臣になったに過ぎなかった――それは尾崎の政治生活に一片の暗い影も残さなかった原因である。つまり尾崎は良心的であったために政党の所属を変えざるをえなかったのである。

常人と異なる政党観

また尾崎が長く一政党に留まれなかったのは、尾崎と一般の政治家との世界観の相違からも来ている。即ちわが一般国民は勿論、政党の領袖などでも国家とか社会とか口にはするけれども、その実は自己または自己の所属するグループ、精々所属する団体または党派の利益を追及するに過ぎず、尾崎のように常に国民全体の利害を考えて行動する能力と勇気を欠いているのが実情である。

政党作りより人間作りへ

さらに尾崎が憲政会から除名されて以来、どの政党にも関係せず、いわゆる孤高(ここう)を守ったのは、多年の経験からわが国では長年培(つちか)われた封建的思想・感情を改めない限り真の政党はできないことを痛感し、政党を作る前に政党を作り得る人間を作らなければならないと考えたからである。かくてこの頃から尾崎は人間を作り変える目的を以て、中国流の国字・国語の改革を主張したり、国内の風潮に抗して国際主義を強調するなど、政治家としてより政治教育家乃至(ないし)社会改革家としての活動に傾いたのである。

第十四　軍国主義と戦う

一　戦争観を更新

欧洲の荒廃を見て

第一次世界大戦後の欧米視察から帰って尾崎が手をつけた第二の仕事は軍備縮小運動である。

戦争に荒廃した欧洲の惨状を目撃して、尾崎の強く感じたことは、戦争は勝敗ともに全く無意味であること、それ故に地球上から戦争を絶滅しなければならないということであった。これは尾崎にとって重大な発見であるとともに、尾崎の世界観に飛躍的な転機をもたらす契機であった。

尾崎は漸く青年に達した頃「尙武論」を書き、やや長じて「征清論」を世に問うなど、武を養うことは国民精神の高揚と国家の発展に必要であると考えていた。後に日露戦争を前にして伊藤とともに非戦論の立場を執ったけれども、それは必ずしも戦争そのものを否定したためではなく、世界最大の陸軍国と戦っては勝目がないという打算的観点からであった。その証拠には大隈内閣の法相時代に迎えた欧洲戦争勃発の際には連合国側が負けるはずはないと見たのでこの側への積極的な参戦論者であった。

国家本位を克服

かく尾崎は戦争という問題も常に国家本位に考え、国家にとって利益であると考えれば主戦論、不利益と見れば非戦論という立場をとった。ところが渡欧して大戦の跡を訪ねるに及んで、国家的立場から戦争を考える従来の世界観に一大修正を加え、完全な国際主義者となった。

尾崎は軍縮運動を起すに当って、まずその戦争観を次のように展開した(『軍備制限』)。

この大戦争は、何のために戦つたのか? 何人も知らない。列国人民が夢

無意味・無目的の戦争

中になつて、只一図に国家のためと思ひ込んで死地に狂奔したに過ぎない。肝心要(かなめ)の国家は、現在何れも半死の状態に陥つてゐるのを見れば、あの戦争が、どの国家のためにもならなかつた事だけは分明だ。

然らば、何のための戦争であつたか、戦後十年研究しても、まだ分らない。分らない筈だ、全然無意味、無目的の悪戦苦闘に過ぎなかつたのだ。幾百万の戦死者こそ、気の毒なれ。彼等は今に及んで、始めて迷夢から覚め、切歯(せっし)扼腕(やくわん)、悲憤慷慨(ひふんこうがい)、地下に瞑目することが出来なからう。(中略)是に於て「戦争の目的」は、欧米列国に於て、盛んに論議されるやうになつた。こんな事は開戦以前に、審議決定し、それが確定した後ち、始めて開戦すべき筋道だが、そこが人間の浅ましさで、只管猜疑(ひたすらさいぎ)心、嫉妬(しっと)心、虚栄心、冒険性、争闘性等に駆られて無我夢中で、飛出した。警鐘(けいしょう)の声を聞て方角も弁(わきま)えず、飛出す下町(したまち)の兄貴(あにき)連(れん)と同様に……

（中略）かくて人類創造以来の最大事件は全く無益有害なる発狂的動作であつたが、之によつて、吾人は㈠戦争の惨禍は、何人も想像し得ないほど、広大深酷であることを実験した。㈡将来の戦争は、世界の文明を滅させるのみならず、人類をも幾んど絶滅せしむべき事実を察知し得た。此二事は、経世家に取つては、至貴至重な獲物である。

こうして尾崎は軍縮運動に取掛った。

二　議会に失望、全国遊説

軍縮提唱の大演説

尾崎は日本が率先して軍縮を唱えれば、世界の外交をリードできるとなし、

一、帝国の海軍軍備は英・米二国と協議してこれを制限すること。

一、陸軍軍備は国際連盟規約に基づき、これを整備緊縮すること。

の二項よりなる軍縮決議案を第四十四議会に提出し、これが上程された大正十年

二月十日、登壇して二時間余にわたる大演説を行った。

尾崎は降壇するに際し、「私は日本が邪魔さえ致さなければ此協定は可能性を持つて居ると断言致します。……協定も何もせないけれども、イギリスの如きは前後六年間殆ど軍艦製造を中止してゐる。フランスもイタリアも独断で中止してゐる」と述べ、「残つてゐる所は唯二つ、日本とアメリカでありますが、そのアメリカは協定をして減らしたいと云つて、上院でも有力なる政治家がこれを論じ、既に両院の外交委員会——最も有力な委員会の一つ——を通過してゐるのでありますます。やがて大統領が更迭(こうてつ)して、事が少しく緒(ちょ)につきますれば、恐らくは四月の末、或いは五月の初あたりには、日本に向つて協定の申込を致すであらうと思ふ。其時においてこれに応ぜんと欲する思想は、今日諸君の脳裡(のうり)に定つてゐるようで、申込まれて受けぬと云ふ人は恐らく我国にはなからうと思ふ」と結んだ。

単身全国遊説の旅へ

尾崎の熱弁は喝采(かっさい)のうちに終り、満場を謹聴させ、かつ共鳴させたかに見えた

芝公園の普選大会における尾崎の獅子吼
（大正11年2月5日）

が、記名投票で採決したところ、三十八票に対する三百八十五票を以て否決された。つまり犬養の率いる国民党が賛成しただけで、政・憲ともに一致して反対したのである。これは投票が良心によらず、情実と利害とに結ばれている証拠である。

尾崎は折角の熱弁も馬の耳に念仏という結果を見て、失望したが、この票決を以て国民の意志とは認められなかったので、これに対する国民の意見を実行できる範囲内で問うて見ようと決意し、全国遊説の旅に出て、聴衆の賛否を求め、これを世界に明示することにした。

尾崎は東京をふり出しに全国主要都市で演説し、入場者にハガキを配布し、賛否を求めたところ、総投票数三万一千五百十一票のうち、賛成二万九千二百五十五票、全体に対し実に九割二分八厘で、議会の票決とは全く反対の結果が現れた。

矛盾した軍縮会議への参加

尾崎がこの全国遊説を終えて、旅装を解く間もなく、第四十四議会で予言した通り、アメリカから日本政府に対し、ワシントンで海軍軍縮会議を開きたいとの申入れがあり、その賛否を求めて来た。

前議会で国民の代表機関たる議会が尾崎の軍縮決議案を大反対を以て否決しているのだから、政府としてアメリカの提案にも賛成できない筋合いだが、これも尾崎が予言した通り、原内閣は〝欣然参加する〟との回答を寄せ、海相加藤友三郎・貴族院議長徳川家達・駐米大使幣原(しではら)喜重郎の三人を全権として派遣した。

原への好意的中立をすてる

原内閣はわが国最初の政党単独内閣であったために好意を以て見守っていた尾崎も、原が解散後の総選挙において未曾有の圧倒的多数を得てからは勢威をたのんで横車を押す傾向を露骨に示しはじめたので、好意的中立をすてて、原内閣の辞職望みを原の親友などを通じて原の辞職を勧めた。

ところが原はこれに耳をかさず、原内閣の横暴ますますつのり、憲政会の永井柳太郎などからは、「西にレーニン、東に原敬」なる名句を用いてその独裁ぶりを攻撃されるようになったが、大正十年十一月四日、原は京都に開かれる政友会大会に出席するために東京駅の改札口より入らんとしたところを、十九歳の無名の青年に刺されて殺された。

三　政界異変は続く

頻々たる政変

原の急死で原内閣は辞職し、大命は蔵相の高橋是清に下り、高橋内閣が生れたが、この内閣は在任わずか六ヵ月で倒れ、その後には軍縮会議から帰った海軍大将加藤友三郎が組閣し、その後にはシーメンス事件で政界引退同様の状態にあった山本権兵衛が起用され、山本内閣が生れ、これもわずか四ヵ月で倒れると、枢密院議長の清浦奎吾(けいご)が出馬するなど、またも政党を無視したような政変が頻々と起った。

こうして第二次憲政擁護運動の名目で清浦内閣打倒運動が始まった。この運動には政友・憲政会及び革新倶楽部——政界革新をめざし、政党でないとの約束の下に尾崎も籍を置いていた——の三派が加わり、政友会から分離した床次(とこなみ)竹次郎を総裁とする政友本党だけは清浦内閣を支持した。

三派の運動に釘をさす

尾崎は桂内閣を相手とした護憲運動で苦杯(くはい)をなめた経験から、この運動を冷やかに眺めていたが、演説会に顔だけでも出すようにと旧友たちから交々(こもごも)勧められて、一月二十一日上野精養軒の会合に出席し、高橋・加藤・犬養の三人を前にして「護憲の目的は、制度の改革にある。〝一幕芝居〟では役に立たぬ。現にこの前の護憲運動の時は、桂内閣が倒れると、もう憲政擁護は済んだという気になって、先頭に立っていた犬養君までが手をひき、山本内閣を援ける側に立ったではないか。今後諸君がやるのは宜しいけれども、芝居を打つなら、ちゃんときりまで打たねばならぬ」（『日本憲政史を語る』）と述べ、倒閣運動に護憲の聖語を乱用すべきでない旨を説いて帰った。

それにもかかわらず、大阪の公会堂の演説会にも引っぱり出されて同趣旨の演説をして、大喝采（だいかっさい）を受けた。しかし果して護憲三派なるものは、清浦内閣打倒のために結ばれた政権獲得運動に過ぎなかったことが間もなく暴露された。

清浦内閣倒れ、三派内閣成る

ともかく三派が結束を固めて政府攻撃に出たため、清浦内閣は解散を以て対抗したが、総選挙が五月十一日に行われた結果、護憲三派は憲政会の大勝により合計二百八十四名を獲得し、解散前より優勢となったので、清浦内閣は退き、加藤高明に組閣の大命が下った。加藤内閣には高橋も犬養も入閣して、三派連立内閣となった。三派連立内閣の大きな功績は大正十三年十二月二十六日に開会された第五十議会に普選案を通過させたことである。しかし第五十議会開会中及びその閉会後間もなく政界に大変動が起り、三派提携は破れ、連立内閣は憲政会の単独内閣に改造された。

政界に伸びる軍部の勢力

その一は、二年前原敬の死によって分裂後の政友会総裁となった高橋是清が突如総裁及び農商務相を辞任して陸軍大将田中義一が総裁に迎えられたこと、その二は、犬養が政界引退を声明し、革新倶楽部所属議員の大半が政友会に入党したことである。

この政界異変で、内閣は忽ち不統一を暴露し、加藤首相は辞職し、政友会出身の閣僚を除いていずれも加藤に従ったので、七月三十一日総辞職となり、大命再び加藤に下って第二次加藤内閣は純然たる憲政会内閣として成立した。ところが

書斎における尾崎行雄とその署名

翌年一月には加藤は急死したので、若槻礼次郎が憲政会総裁と総理大臣の二つのイスを拾った。

この頃から軍部、特に陸軍が政界に勢力を伸ばすようになった。特に政友会は田中大将を迎えて陸軍に迎合するものが多くなった。財界パニックの対策に窮して昭和二年四月十七日若槻内閣が総辞職すると、田中内閣が生れた。田中内閣及び政友会はすでに自由党以来の自由民権思想を喪失し、国内では漸く政治力をもち始めた社会主義勢力に暴圧を加え、外には軍部と結んで軍国主義への道を切り拓かんとする反動政策を進めた。

四　政党無力化す

慌しい政変

折から満洲に張作霖爆死事件（中国の封建軍閥の代表的人物で満洲に君臨していた張作霖は、日本の出先陸軍によって爆死を遂げた。）が起り、昭和三年暮に開かれた第五十六議会では鋭く追及され、閉会後間もなく田中内閣は倒れ、浜口雄幸（おさち）が組閣した。

一方政友会には田中総裁更迭の議論が喧（やか）ましくなりつつあったとき、田中は九月二十九日、狭心症で急死したため、党内に猛烈な総裁争いが起り、一度は政界引退を声明した犬養が推されて総裁となった。

昭和五年十一月十五日、浜口首相は突如無名の一青年のために狙撃されて重傷を負い、同年暮に開かれた第五十九議会のほとんど三分の二を経過するまで彼は登院できなかったので、反対党から非難されたため、無理に登院して病気を悪化させ、総理大臣のイスを若槻に譲った。

尾崎行雄の議会演説（昭和5年）

尾崎は浜口が再登院する前、浜口首相の辞職勧告決議案を提出しようとして、風邪を押して奔走しているうちに突然高熱を発したので、医師の診断を受けると流行性感冒肺炎であるというので、早速慶応大学病院に入院した。尾崎もすでに七十二歳の高齢であり、一時は容体が気遣われたが、幸いに入院生活十数日で退院した。

一年半の欧米生活

この時尾崎の許に米国のカーネギー財団から渡米の招請状が来た。折からテオドラ夫人が前年五月以来米国の西海岸で病を養っていたから、尾崎はその見舞いを兼ねて渡米することになり、八月十三日横浜を出航、ついでにイギリスに廻って、昭和八年二月二十一日に帰国した。

カーネギー財団（Carnegie Foundation for the Advancement of Teaching）は米国の大富豪カーネギーの遺志によりその遺産を以て国際平和を増進するための各種の事業を行っているが、その一つとして各国の名士を招待し意見を交換することを計画し、日本からは平和主義者として知られていた尾崎が招かれたのである。

この一年半の不在中に日本には次々に大きな変化が生じた。まず尾崎が出発した年の九月十八日に満洲事変が勃発し、犬養が内閣を組織したが、翌七年五月十五日には犬養は陸海軍の将校に首相官邸で暗殺され、軍部の政治支配が始った。こうして政党は著しく無力化した。

満洲事変は、満洲の奉天北方約二キロの地点にある柳条湖の満鉄線路を中国軍が爆破したという口実で、その東方にある王以哲軍の営舎北大営を日本軍が占領したが、これより戦線が満洲全土に及ぶことになった。

神戸港で襲撃される

尾崎は吹きすさぶ軍国主義の嵐の中に敢然帰国したのである。帰国すれば殺されるから見合わせるようにと随分忠告されたが、尾崎は暗殺を覚悟し、船中で遺言を書き、前年アメリカからロンドンに移って客死したテオドラ夫人の遺骨を携えて、神戸に着いた。ところがそこには上陸反対を叫ぶ右翼急進派が待ち構え、尾崎は決議文を突きつけられ、埠頭に降りると忽ち仕込杖で切りつけられる騒ぎが起ったが、暴漢はその場で逮捕され、尾崎は街の牛肉屋で昼食をとって再び船に帰り、横浜に直行して、逗子の邸宅に帰着した。

船中で書いた遺言は、日本の現状を憂え、軍国主義的国家主義を改めて国際協調主義への転換を強調し、世界連邦の樹立を明示したもので、「墓標に代えて」と題して雑誌「改造」に掲載され、読者に深い感銘を与えたが、尾崎への風当りはますます強くなった。尾崎の身辺には常に警官がつきまとい、右翼からの襲撃への護衛とともに尾崎の言動が監視され始めたのはこの頃からであった。

その後二・二六事件によって軍部の政治支配はますます強化し、政党は挙げて軍部に迎合するようになった。

二・二六事件は昭和十一年二月二十六日の朝、東京に起った陸軍青年将校の指導によるクーデターで、首相岡田啓介・内大臣斎藤実・陸軍教育総監渡辺錠太郎・侍従長鈴木貫太郎・蔵相高橋是清らが襲撃され、岡田は避難、鈴木は重傷、他はいずれも死亡した。

五　決死の演説と西尾問題

辞世を詠んで演壇に立つ

二・二六事件の後、外相広田弘毅に大命が下り、久しぶりに軍人内閣から脱した観があったが、実質的には却って軍部の支配は強くなった。山本内閣時代に予・後備まで拡げられた陸海軍大臣の任用制度を逆転させて、またも現役に限ることにしたのはこの内閣であった。

広田内閣が一年足らずで潰（つぶ）れて、昭和十二年一月二十五日組閣の大命が予備役陸軍大将宇垣一成に下ったところ、陸軍部内から猛烈な反対があり、広田前内閣が逆転させた陸海軍大臣任用の官制が早くものをいって、宇垣もついに組閣を断念せざるを得ない羽目に陥り、大命は改めて陸軍大将林銑十郎に下った。

この頃池の平の楽山荘にこもり時勢の変化を冷やかに眺めていた尾崎も、宇垣内閣を流産させた陸軍の横暴を黙視することはできなかった。昭和十二年二月十七日尾崎は久しぶりに登壇して二時間にわたる大演説を行った。

尾崎は演壇に立つに当って、

正成が敵に臨める心もて我れは立つなり演壇の上

なる辞世を詠み、壇上で刺し殺されることを予想し、その覚悟もしていた。尾崎は鋭く軍部の横暴を衝き、軍部の政治支配を戒めたもので、国民はその明快な論旨と尾崎の勇気とに感嘆し、新聞は全面を埋めて尾崎の演説を掲げたが、もはや軍部を反省させることも、議員を奮起させることもできなかった。

日中戦争勃発と日独伊防共協定

やがて林内閣は倒れて、六月四日第一次近衛内閣が生れ、約一ヵ月後の七月七日には日中戦争（当時は「支那事変」と呼ばれた。中国北部に駐屯していた日本軍と宗哲元の率いる中国第二十九部隊とが北京郊外の盧溝橋（ろこうきょう）附近で衝突したことがこの事変の端緒である）が勃発し、政府の「不拡大方針」の声明にもかかわらず、どんどん拡大した。

近衛は軍部を抑えるつもりも少しはあったようだが、事実は軍部のいわゆる国内戦時体制確立という一連の政策の遂行に力を注いだ。かくてこの年の十一月六日には独・伊との間に防共協定を結び、引続いて同年暮に開かれた第七十三議会には議会政治を停止するに等しい国家総動員法なるものが提案された。尾崎はこの暴案に対しても珍らしく沈黙を守っていたが、議会も終りに近づいた三月十六日国家総動員法の最終討議の衆議院本会議において、社会大衆党の西尾末広氏の演説が物議をかもし、西尾氏が懲罰に附され、ついに衆議院から除名される事件が起るに及んで、憤然と立って、西尾氏を弁護した。

西尾氏の演説は国家総動員法そのものに反対したのではなく、むしろこれに対

西尾末広

する労働階級の協力的意志を表明し、近衛首相を激励せんとしたものである。すなわち彼はその演説の結論として、「もつと大胆卒直に日本の進むべき道は是であるとヒットラーの如く、ムッソリーニの如く、或いはスターリンの如く大胆に日本の進むべき道を進むべきであらうと思ふのであります」（『議会速記録』）と述べたのである。

西尾氏、懲罰にかかる

すると議場にはその演説の「ヒットラーの如く」以下の部分の取消しを迫る声が強く起った。西尾氏はこれに逆（さから）っては面倒と思ったのか直ちに取消したのに、議長の小山松寿は「西尾君の議論には、相当重大な点ありと議長は認めますから、西尾末広君を懲罰委員会に附します」と宣言し、多数の賛成を以て前記のような

憤然起って西尾を弁護

処置に出たのである。

尾崎は小山議長をはじめ政・民両党所属議員の態度に憤慨し、自ら懲罰委員に加わって、西尾氏の除名を喰止めようとした。尾崎の決意を知って懲罰委員小山亮が委員を辞任して、これを尾崎に譲った。

そこで尾崎は本会議だけでなく委員会にも出席し、西尾氏が述べて問題になった個所を繰返して述べ、「西尾君は取消したが私は取消さない。故に私の方が重い罪過（ざいか）でなければならないはずだ。西尾君を除名する前に私を除名せよ」と結んだ。

ところが議員の大多数は尾崎と西尾とは人物が違うという全く筋の通らない理窟で、尾崎を問題にせず、西尾氏だけを一言の弁明もさせずに除名してしまった。この時尾崎は、「これでは議員は自ら墓穴を掘ることになろう」と慨嘆した。この頃尾崎のために議院の構内に銅像を建設する計画が議員の間に進められていたが、西尾問題で尾崎に反感をもつものも生じて、この計画は中止された。

第十五　奇怪な裁判とその後

一　翼賛選挙をめぐって

日中戦争はますます拡大して、収拾がつかず、近衛内閣は「蔣介石を相手にせず」との声明を発し、蔣氏から離れた汪精衛(おうせいえい)(銘兆)を日本に招き、これと「日華条約」を結んだ。

三国軍事同盟と大政翼賛会

一方軍部の政党への圧力はますます強くなり、三国防共協定が昭和十五年九月二十七日に軍事同盟に発展し、引続き同年十月十一日政党の機能を奪う目的を以て近衛を総裁とする大政翼賛会(たいせいよくさんかい)が生れた。尾崎は昭和十六年二月十七日大政翼賛会と三国同盟を厳しく非難する立場から政府に質問書を提出するとともに、またも決死の覚悟を以て、最後の登壇を試みたが、この時は軍部を恐れて、尾崎の登壇に必要な賛成者を求めることさえできなかった。尾崎はやむなく議会活動に見切りをつけて、池の平の山荘に籠り、もはやあまり上京もしなかった。

ついに太平洋戦争へ

この年の七月八日には第二次近衛内閣が改造されて第三次近衛内閣となったが、わずか三ヵ月で倒れ、十月十八日に陸軍大将東条英機(ひでき)が内閣を組織し、十二月八日には英・米に対する宣戦が布告され、同時に真珠湾の奇襲でわが海軍が大成功を示したことが伝えられた。この戦争は「大東亜戦争」と呼ばれることになったが、終戦後は「太平洋戦争」と改められた。

東条内閣はこの暴挙を敢行する一方、国内の政治体制を改めようとして陸軍大将阿部信行を総裁とする翼賛政治体制協議会という団体を作り、これを推薦母体として特殊の官選選挙を行う計画を進めた。すなわちこの団体が「国家的人物」を候補者に推薦し、これには臨時軍事費から多額な選挙費用を与え、その推薦者以外の候補者を追落そうというのである。この選挙は翼賛選挙と呼ばれ、翌十七年四月三十日に行われた。

「翼賛選挙」中止を勧告

尾崎は東条の計画は重大なる憲法違反であり、わずかに存在している議会政治の根本を崩すものとして東条内閣に公開状を送ってその中止を勧告するとともに、これを鋭く攻撃する演説を行った。それは日本橋・京橋を地盤として立候補した田川大吉郎応援のとき行われた。尾崎は誰一人口にすることのできない政府攻撃を堂々とやったのだから、聴衆は旱天(かんてん)に慈雨を得たように喜び、大きな批判を与えられた。

ところが尾崎の演説は臨席の警官——終戦前は演説会に正服の警官が立会うのが常例だった——によって速記され、その内容に難くせがつけられた。尾崎はいわゆる翼賛選挙が進められている事態を概嘆し、これは明らかに明治とともに生れた議会政治を大正・昭和と経て三代目になった国民が亡ぼす恐れがあるとして、鋭く警告したのである。ところが尾崎が、「唐様で売家と書く三代目」という川柳を引用したのが天皇をひぼうしたものだということになったのである。

政府は尾崎が川柳を引用して時世を批判したのは言葉巧みに天皇をひぼうしたものであるとし、四月二十日「不敬罪」の容疑を以て尾崎を起訴し、折から選挙運動のため三重県下の選挙区を回って演説していた尾崎を東京に召喚し、巣鴨拘置所に留置したのである。もっともわずか一夜で放免されたが、そのために選挙区には投票日を真近に控えて四日間の空白が生じた。ときに尾崎は八十三歳の老体であった。

「不敬罪」で起訴さる

東条内閣にもさすがに尾崎を罪人にしようとする意図があったわけではなく、最後に残った軍部の批判者たる尾崎を落選させ、議会における発言権を奪おうとしたのであろう。それは証拠湮滅の恐れの全くない不敬罪容疑で候補者に最も大切な時期を狙って東京に召喚した点や、それほど重要な犯人をわずか一日で放免した不可解な措置などから推察されよう。

もしそうであるとすれば、この問題は東条内閣の敗北に終ったというべきである。なぜならばこれほどの陰謀を以てしてもこの「非国家的人物」を落選させることができなかったからである。

二　喰違う二つの判決

秘密裁判開かる

しかし政府としては尾崎を起訴した以上、裁判にはかけなければならなかった。公判はこの年の十月二十六日、日曜日の午前九時四十六分から東京地方裁判所で開かれた。公判とはいっても近親者数人を除くほか傍聴を許されない秘密裁判であった。幸いに著者はこの少い傍聴者の中に加わり、最後までこの裁判を傍聴した。

耳の悪い尾崎は定刻少し前に、長い緑色のゴム管のついた補聴器を手にして法廷に立った。定刻まず書記が着席すると、裁判官や検事がぞろぞろ入って来て、弁護士以下全部立たされ、裁判官の着席を待って腰を下した。尾崎の弁護士は鵜沢聰明と海野晋吉氏、裁判長は中島という四十歳前後の法官然とした無表情な男だった。

法官を前に大演説

まず裁判長から型の如く姓名・年齢・生年月日・職業・現住所・本籍が問われた後、傍聴禁止の宣言が述べられ、公訴事実について尾崎の意見が求められた。尾崎は「私の政治的経歴・主張・現在の考え方などその大要を私自身が述べた方がハッキリして宜しいかと思います。大要だけをお聞き願いたいのでありますが」と要求した。鵜沢・海野両弁護士からも同様な希望を述べると、裁判長は渋々これに同意した。同時にこの陳述を弁護士側で速記することも特に認められた。

それは形式は陳述であるが、事実は堂々たる演説であった。まず立憲政治の達成に努力することを念願とした少年時代の決意から六十余年にわたる政治生活の大要を述べ蘆溝橋事件以後数回行われた内閣更迭に対する近衛首相はじめ閣僚の無責任を難じ、東条内閣に対しても内外国政の上から鋭い批判を加え、乱暴な言論圧迫から「不敬事件」が生じた旨を滔々と論じ、居並ぶ裁判官を唖然とさせた。

この陳述を終ってから、事件の審理、特に警官の速記録についての問答が裁判官と尾崎との間に交されたが、尾崎はその誤謬を指摘し、第一回公判は零時半閉廷した。尾崎が裁判官の迷惑顔をも顧みず、事件に直接関係のない政治的意見を詳細に述べたのは、もはや議会ですら述べられなくなった意見を記録に残し、できればこれを天皇の目にもとまらせようとの意図からである。なぜならば尾崎は正三位勲一等の位階をもっていたから、「不敬罪」の起訴に際し、特に陛下の許可を得る手続きをとったはずだからである。

懲役八ヵ月の判決に上告

引続いて数回の公判——もちろん秘密裁判——が開かれ、田川や同人の選挙運動員、さては速記鑑定人などまで証人に喚問され、かなり綿密な審査があった後、鵜沢・海野両弁護士の各二時間余にわたる弁論があったが、予定の筋書きは曲げられなかったと見えて、この年も押しつまった十二月二十一日、懲役八ヵ月、執行猶余二年の判決が下された。

上奏までして起訴しなければならなかった事件にしては、この判決は軽過ぎることを何人も感ずるであろう。それは一つにはわが憲政上最大の功労者たる尾崎に対する裁判官の敬意の現われであったかもしれないが、同時にこの犯罪構成の企図が尾崎の口を封ずる目的さえ達すればよかったからであるといえよう。

直ちに上告、黒白を求める

尾崎は直ちに上告した。自己の利害得失からではなく、事実の糾明（きゅうめい）と正邪の黒白を求める尾崎としては当然の措置であった。かくて事件の審理は大審院に移され、判事三宅正太郎を裁判長として裁判に附された。尾崎はこの裁判を前にして、第一審の判決理由を論難するとともに、尾崎の政治的意見を述べた上申書を提出した。

大審院の公判――やはり秘密裁判だが――は第一審の判決があってから凡そ一年半を経た昭和十九年(一九四四)四月十四日を第一回として三回開かれた後、六月二十九日に無罪の判決が下された。尾崎は裁判が終るのを待ちかねて、池の平へ行き、判決の日には法廷に姿を現わさなかった。

三宅裁判長は無罪を宣告してからその理由を読み上げたが、それは第一審の判決理由を完膚(かんぷ)なきまでに攻撃したものであり、皮肉にも尾崎の上申書の趣旨をそのまま別の言葉で述べたものであった。したがってこれを聞いていたわれわれには、判決理由書というよりも尾崎に対する頌徳表(しょうとくひょう)であるように感ぜられた。

三　新世界建設の構想

この判決が終ると間もなく七月十八日に東条内閣は総辞職した。東条内閣が辞職しなければならないような政情が来るのを待って、尾崎の公判が開かれたようにも受取れた。

尾崎はその後一年間は全く沈黙し、池の平で仙人のような生活を送り、降伏の宣言を池の平で聞いた。日本の降伏は尾崎にとってはハッキリ見通されていたことではあったが、その時期は尾崎の予想よりも二—三ヵ月早かった。

尾崎は敗戦を見越して、日本のとるべき道を考え、その構想を二つの論文にまとめた。その一つは「休戦宣言と新世界建設の提唱」であり、他の一つは「世界救済案（新世界建設案）」であった。両方とも第一次大戦以後尾崎の脳裏を去来していた平和思想の結実ともいうべきもので、それは単に日本の救済に止まらず、世界の救治策を示したものである。

二論文の内容

「休戦宣言と新世界建設の提唱」はその冒頭（ぼうとう）に、「体力争闘は、元来理非曲直の弁識なき禽獣の特有物にして、人類にはふさわしからぬ行為である。故に文化の進むに従つて人類間の力闘は、漸次減少し、今日は国家間に残存してゐるに過ぎない。而して之を絶滅せしめざれば、人類は終に滅亡するより外に到着点はないやうだ」と述べ、日本は進んで休戦を宣言し、率先して新しい世界の建設に乗出すべきことを説き、その構想は、「従来戦勝国が戦敗国に向つて、戦費の賠償を要求したが、これは勝敗を以て、正邪を誤認したる非行である」とし、戦後処理は道理と計算によって行うべきであることを提唱した。

次に「世界救済案（新世界建設案）」では第二次世界大戦の原因を究明し、「国際連盟の提唱者たりし北米合衆国が之に加盟せざりしこと」以下十項目を列挙した後、戦勝者の反省と敗戦者の態度を説き、「戦勝者の不当な要求は、未来戦の種子まきである」と論じ、敗者は「武力に屈しても、道義違反の要求は悉く之を拒絶せざるべからず、彼若し武力則ち獣力に由て、之を強行せんとするが如き事あらば、我は道理と計数を説いて、あくまでこれに抵抗するに止め、他は彼の為す所に任すべし。……賠償金の如きは、公正に敵味方双方の損害を計算し、其差額

上京して議会活動

だけは勝敗の如何を問わず、多く損害を与へた方より弁償すべし」と唱えた。

この二論文は敗戦が尾崎の予想よりも二―三ヵ月早かったため、公表する機会を逸したが、終戦後東久邇内閣が成立し、九月一日に第八十八議会が開かれると、久しぶりに上京して、島田議長に会い、前記の構想に基づき講和会議に臨む方針を提示し、政府に提示するように依頼した。

また引続いて第八十九議会が開かれると、世界平和達成の方法として、国際連合を一歩進めた世界連邦の建設を決議案として提出し、多数を以てこれを採決させた。その要旨は次の通りである。

全世界ノ独立国ヲ網羅シテ一種ノ中央政府ヲ設ケ、国際紛議ノ予防ト裁決ダケヲ担当セシメ、其ノ他ノ職務ハ総テ列国ノ自治ニ一任シタク思フ。又中央政府首脳部ノ任期ハ三―四年ニ限リ、投票ニ依テ列国代ルヽヽ之ヲ担当スルガ好カラウ。

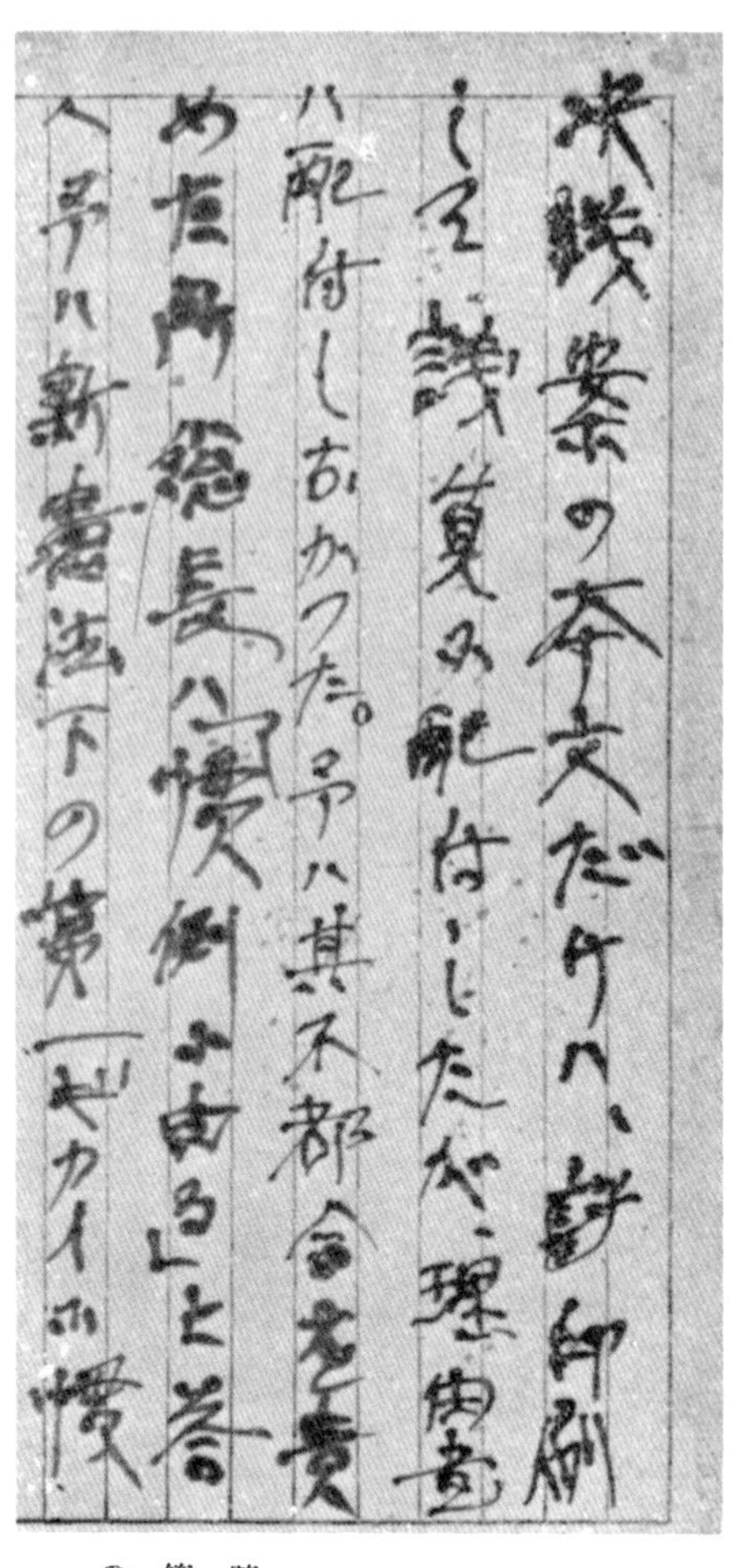
決議案の本文だけハ、既ニ印刷
して議員ニ配付したが、理由書
ハ配付しなかつた。予ハ其不都合を責
めたが総長ハ慣例ニ由ると答
へ、予ハ新憲法下の第一ギカイニ慣

の筆蹟

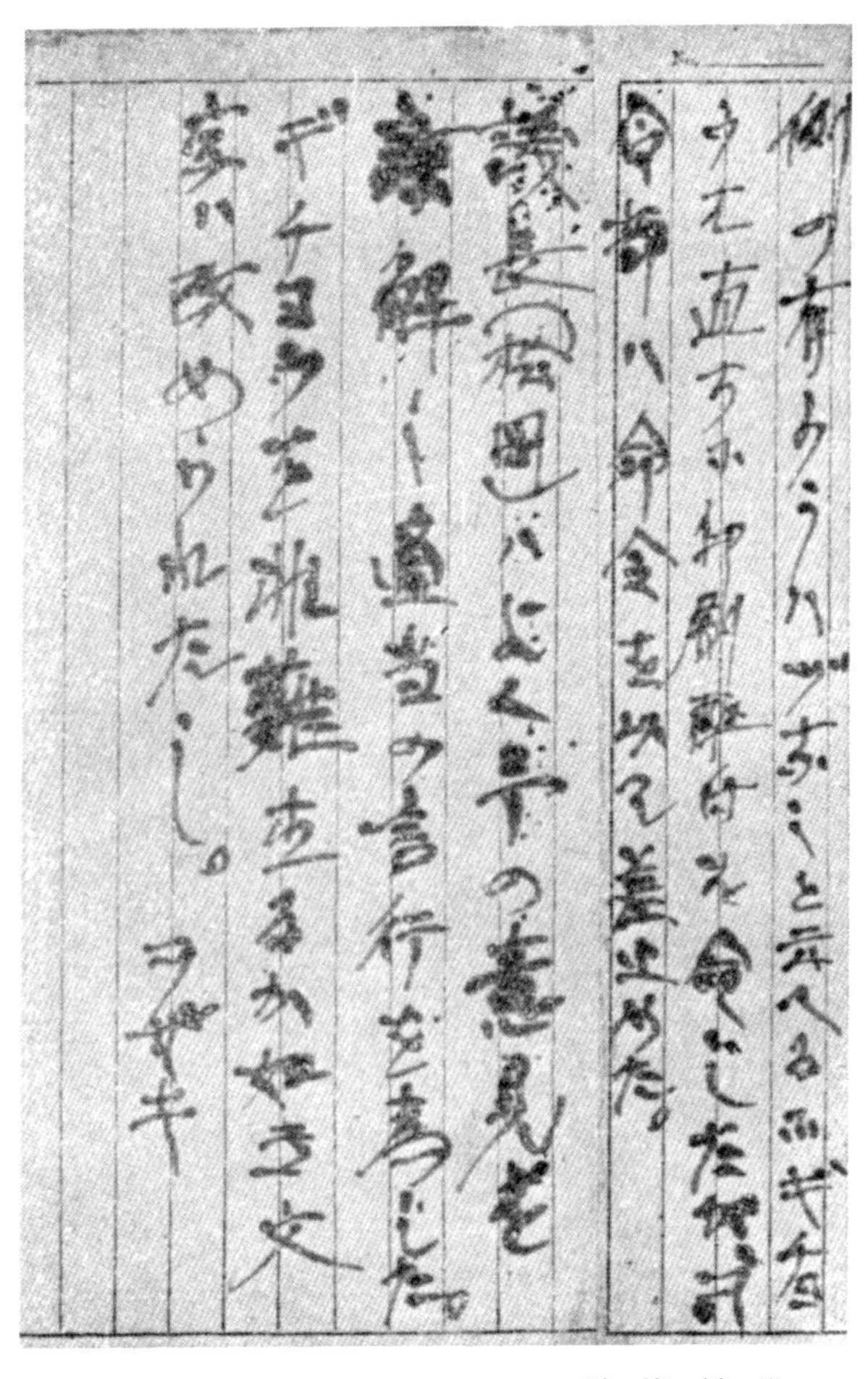

尾崎行雄

敗戦後の慌しい民主政治の抬頭は尾崎の存在をにわかにクローズアップしたが、特に虚脱状態にあった当時の日本は尾崎にその方向の指示を求めた。戦争中は極めて稀にしか客のなかった逗子披露山の風雲閣には中央地方の大小政客・政治青年男女学生の訪問客が引きも切らず、あたかもイスラム教徒に対するメッカたるの観を呈し、新聞はこの情景を「尾崎詣で」と書いた。正に尾崎ブームが現出したのである。

この年も押しつまった十二月二十九日、突如宮中から招かれたのも尾崎ブームの現われである。わずか三年前には「非国家的人物」の筆頭と見られ、軍部や官僚の卑劣な謀略によるとはいえ、天皇の許可の下に「不敬罪」で起訴されたものが、宮中に招かれるとは何という世相の変化であろうか。そういえば三年前遠慮勝ちに一日だけ尾崎を巣鴨拘置所に投り込んだ東条英機はその閣僚とともに巣鴨の住人となってしまった。

皮肉な一首を天皇に

尾崎はこの変化を特に興味深く感じ、早速次の一首を詠み、参内に際し、これを天皇に示した。

けふは御所、きのふは獄屋あすはまた地獄極楽いづち行くらん

尾崎は天皇も「不敬罪」事件を思い出したに違いないから、何というかと思って聞き耳を立てていたが、ただ笑っていただけだったのに失望した。

翌年四月には婦人の参政権を認めた新選挙法の下に総選挙が行われたが、尾崎は敗戦の責任は直接には軍部にあ

羽田空港で家族に囲まれた尾崎行雄（読売新聞社提供）

(東京都千代田区永田町1丁目1番地,旧参謀本部跡)

るにしても、議員も反省の意を表わすためにこの総選挙には立候補を辞退すべきであると説き、自らこれを実行した。

しかし咢堂会を中心とする三重県の選挙民は尾崎を無断で推薦して選挙運動を進め、十六万八千余票という好成績で当選させてしまった。それでも議員にならないという尾崎を説得するために、咢堂会の代表者は上京し、泊りがけで尾崎に懇請し、漸く承諾させた。この時尾崎は正三位勲一等の位階勲等を返上した。

翌二十二年十一月には新憲法が制定され、

竣工した尾崎記念会館全景

議会は国会と呼ばれるようになった。連立ながら初めて社会党内閣が生れ、委員長片山哲氏が総理大臣、松岡駒吉が議長に就任した。尾崎はこの時前述の構想にもとづく平和決議案を提案したが、司令部の干渉により上程されなかった。

しかし尾崎の意見はアメリカをはじめ自由主義国にはだんだん共鳴者も生じ、昭和二十五年には日本問題審議会の招待に応じて渡米した。尾崎は長男の行輝氏・三女の相馬雪香さん・家政婦の服部フミさん及び秘書として著者を伴い、多数の見送りを受けて五月十六日羽田を出発、四十余日の親善旅行を終えて六月二十七日帰国した。

尾崎一行はアメリカで大歓迎を受け、両院も特に歓迎の意を表した。尾崎もさすがに喜びを包み切れず、次のような歌を詠んだ。

夢かとも思へどさめぬもてなしに我らの幸をわれは怪しむ
ポトマクの桜にうたひ月に酔ひ雪をめでつつわが世終へなむ

当時尾崎は白内障で眼が不自由になりかかっていたので、アメリカから帰ると間もなく慶応病院に入院し、その手術を受けた。幸いに視力は大部分回復したが、体質に変調を来したのか、健康勝れず、二十七年一月には病床に臥し、ついに国会にも出席できなくなり、二十九年十月六日口辺に微笑を浮べつつ大往生を遂げ、九十五歳十ヵ月の生涯を終えた。

その後著者も参加し、尾崎門下の数人が中心となって、尾崎の旧著書をまとめて十二巻の『尾崎咢堂全集』を出版し、またこれがキッカケとなって尾崎行雄記念財団（理事長川崎秀二氏）が生れ、同財団の手で奇しくも旧陸軍参謀本部跡に尾

尾崎記念会館の中庭に建てられた銅像

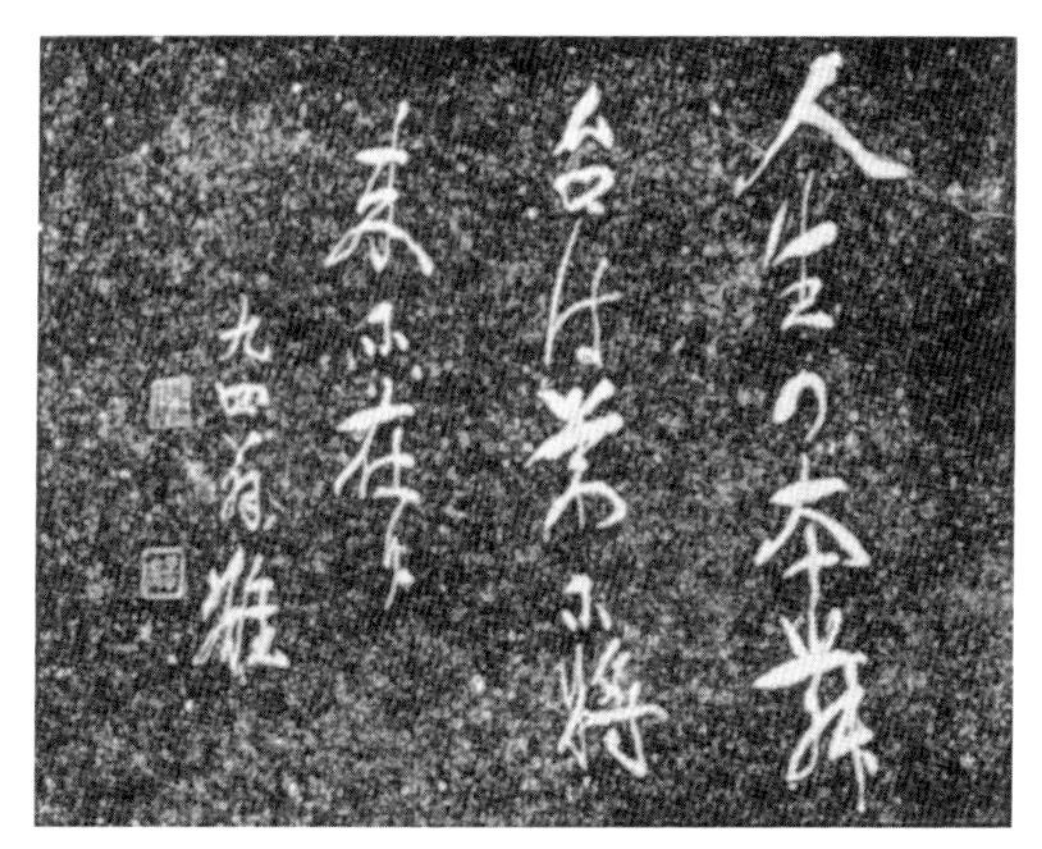

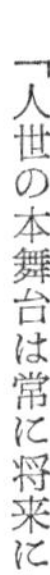

「人世の本舞台は常に将来に在り」

尾崎記念会館にスウェーデンより寄贈された花崗岩に刻んだ尾崎の揮毫

崎記念会館と記念時計塔が建設された。しかもこの記念会館を中心とする高台を将来霞ヶ関公園とする計画が建てられ、完成の暁には世界各国から贈られた樹木が植えられる予定である。かくて尾崎の業績は永遠に記念され、その思想は長く日本を照らすことであろう（尾崎記念会館は、その後、昭和四十七年に開館の憲政記念館に吸収併合された）。

略年譜

年次	西暦	年齢	事蹟
安政 五	一八五八	一	一一月二〇日、神奈川県津久井郡又野村（現在は津久井町又野）に生る
明治 二	一八六九	一二	母に伴われて上京、駿河台の安岡邸に住み、平田塾に通学
同 四	一八七一	一四	父行正の赴任に伴い高崎市に移住、英語を学ぶ
同 五	一八七二	一五	父行正の転任に伴い度会県（後に三重県に合す）に移住、山田市の英学校に通学
同 七	一八七四	一七	弟行隆を伴って上京、慶応義塾に入学
同 九	一八七六	一九	慶応義塾を退き工学寮（後の工部大学）に転学
同 一〇	一八七七	二〇	「討薩論」を曙新聞へ投書、工学寮を退学。共勧義塾に英国史を講じ、また「民間雑誌」の編集に従事し、傍ら『公開演説法』『権理提綱』『米州連邦治安策』等の訳書を出版
同 一二	一八七九	二二	福沢諭吉の推薦で新潟新聞主筆となる
同 一四	一八八一	二四	矢野文雄より招かれ統計院権少書記官となる。在官二ヵ月で退官
同 一五	一八八二	二五	郵便報知の論説記者となる。また立憲改進党の創立に当る
同 一八	一八八五	二八	日本橋より立候補し東京府会議員に当選
同 二〇	一八八七	三〇	後藤象二郎をかつぎ、条約改正反対の大同団結を図る。同年暮「保安条例」が公

年号	西暦	年齢	事項
			布され、東京退去を命ぜられる
明治二一	一八八八	三一	一月三一日、横浜を出航外遊の途に上る
同　二二	一八八九	三二	二月一一日、憲法発布に際し、大赦令公布され、東京退去命令を解かれる○一〇月一八日、大隈の遭難の報に接し急ぎ帰国の途につく
同　二三	一八九〇	三三	七月一日に行われた最初の総選挙に三重県から立候補して当選
同　二五	一八九二	三五	第二議会は開会早々解散され、二月一五日行われた総選挙に大干渉に抗して当選○五月、第三議会で議員としての処女演説を行う
同　二七	一八九四	三七	第五議会は停会中に解散され、三月一日第三回総選挙が行われ、五月開かれた第六議会に伊藤内閣の不当解散や軟弱外交を攻撃。この議会もまた六月二日解散され、九月一日に行われた第六回総選挙を前にして日清戦争が始まったために、総選挙後に開かれた第七議会には初めて政府に協力
同　二八	一八九五	三八	政府の三国干渉屈伏に反対し、第九議会には民党各派を代表して、政府弾劾上奏案を提げて立つ
同　二九	一八九六	三九	九月成立した松隈内閣に外務省の勅任参事官となる
同　三〇	一八九七	四〇	在官のまま倒閣運動に参加し懲戒免官となり、大隈も退陣す
同　三一	一八九八	四一	第十一議会は解散され、また松方内閣は伊藤内閣に代り、一月第五回総選挙を行う。政府提出の地租増徴案が否決されたため第十二議会も解散されたが、自由・進歩両党の提携が密になり、憲政党が生れたため伊藤内閣は倒れ、隈板内閣生れ

			て文相となる。第六回総選挙は八月一〇日に行われ、憲政党は大勝したが、政府内部に内紛生じ、尾崎の行なったいわゆる共和演説がこれに利用され、尾崎は一〇月二二日に辞職し、一週間後に内閣も辞職す
同　三三	一九〇〇	四三	伊藤を総裁とする立憲政友会の創立に参画して、九月一五日結成とともに同党総務委員となる
同　三四	一九〇一	四四	伊藤外遊の後院内総務となり、第十六議会を前にして桂内閣攻撃を策して失敗
同　三五	一九〇二	四五	八月一〇日総選挙。第十七議会で政友会を率いて政府提出の地租増徴案に反対したため、議会は解散さる
同　三六	一九〇三	四六	三月一日に行われた第八回総選挙の後、伊藤は政府の妥協工作に応じたので、これに憤慨して政友会を脱党、やがて市会から推されて東京市長となる
同　三七	一九〇四	四七	第十九議会は尾崎も関係した河野議長の答文事件で解散され、第九回総選挙は三日一日行われた。これよりさき二月六日、日露国交断絶し、一〇日宣戦が布告されたので、政争休止となる○九月繁子夫人死去
同　三九	一九〇六	四九	一〇月、尾崎英子と結婚
同　四二	一九〇九	五二	一二月二〇日、政友会に入党
同　四三	一九一〇	五三	ベルギーに開かれた万国議員会議出席のため夫人同伴で渡欧
同　四五	一九一二	五五	六月東京市長を辞す
大正　二	一九一三	五六	護憲運動の先頭に立ち、二月五日桂内閣弾劾演説を行う。政友会は山本内閣と妥

			協したので、尾崎以下二十四名政友会を脱し中正会を組織す
大正 三	一九一四	五七	三月、山本内閣弾劾演説を行う○四月、大隈内閣生れ、法相として入閣。欧洲戦争勃発
同 四	一九一五	五八	政府提出の増師案否決されたため、第三十五議会解散され、三月二五日第十二回総選挙行わる○七月、大浦事件を裁断
同 五	一九一六	五九	五月、大隈内閣辞職○一〇月、憲政会生れ、筆頭総務となる
同 六	一九一七	六〇	一月二四日、新富座に開かれた討閥演説会で壇上に危く刺されようとする○同二十五日、第三十八議会に寺内内閣弾劾案上程され、尾崎が登壇せんとする時解散され、四月二〇日第十三回選挙行わる
同 八	一九一九	六二	三月、第三回目の外遊に立ち、一二月帰国
同 九	一九二〇	六三	五月一〇日、第十四回総選挙行わる。普通選挙運動の先頭に立つ
同 一〇	一九二一	六四	普選問題で憲政会案に反対したため、除名さる。軍縮運動を開始し、第四十四議会に決議案を提出したが否決されたため、単身全国遊説を行う
同 一一	一九二二	六五	三月、結成された革新倶楽部に加わる
同 一三	一九二四	六七	前年暮山本内閣倒れ清浦内閣生れたので、各派連合の護憲運動起り、尾崎もかつぎ出され東京と大阪で演説す
同 一四	一九二五	六八	五月、革新倶楽部が政友会に合併したため、同志八名と共に脱退
昭和 三	一九二八	七一	田中内閣第五十四議会を解散、二月二〇日第十六回総選挙。第五十五議会に三大

国難決議案を提出

同　六	一九三一	七四	カーネギー財団から招かれて八月渡米、やがて欧洲に渡る
同　八	一九三三	七六	二月、「墓標に代へて」なる論文と英子夫人の遺骨を抱えて帰国
同　一二	一九三七	八〇	第七十議会において辞世の歌を懐（フトコロ）にして決死の演説を行う
同　一五	一九四〇	八三	日独伊三国同盟締結に反対、大政翼賛会の設立に関し近衛内閣に質問書提出。第七十五議会に質問演説に立たんとしたが所定の賛成者なく登壇を阻まる
同　一七	一九四二	八五	四月、第二十一回総選挙に際し、いわゆる翼賛選挙を攻撃する公開状を東条首相に発す。田川大吉郎の応援演説が因となって「不敬罪」で起訴され、巣鴨拘置所に入所○六月、第八十議会に尾崎除名の計画起る○一二月、懲役八ヵ月、執行猶予二年の判決を受け直ちに上告す
同　一八	一九四三	八六	六月、大審院の判決で無罪となる
同　二〇	一九四五	八七	四月、ドイツが降伏したので政府に休戦と平和世界建設の方途を勧める勧告文を執筆中、池の平の楽山荘で日本降伏の報を聞く○九月、上京、講和会議に臨むべき日本の態度について島田議長を通じて政府に提言する○一二月、第八十九議会に世界連邦建設に関する決議案を提出、採択さる。同二九日、宮中からの招きに応じて参内、天皇と会見
同　二一	一九四六	八九	四月一〇日、第二十二回総選挙が行われたが、立候補辞退を表明、但し息行輝氏が立候補の手続きをしたため当選し、選挙区民の懇請で議員になることを承諾○

			五月、第九十議会に登壇、議長選挙につき警告す〇八月二四日、提出された憲法改正案について苦言を呈す
昭和二二	一九四七	九〇	マ元帥の書簡により第九十一議会は解散され、四月二五日、第二十三回総選挙行わる〇五月三日、新憲法施行され、議会は国会と名称を変え、二〇日に第一国会召集さる。政権争奪戦の醜状に対し、田中副議長を通じて、三度全議員に警告を発す〇六月二三日、「平和会議に関する決議案」を提出したが上程を阻止さる
同　二三	一九四八	九一	一〇月、第三国会における首班選挙に多数の白票が投ぜられたこと、この白票を欠席とみなして吉田茂氏を当選させたことに憤激、また吉田首相が解散論を主張したためこれを不当として緊急質問に立つ
同　二四	一九四九	九二	前年暮、第四国会解散され、一月二三日、第二十四回総選挙行わる〇三月、広島へ旅行、肺炎に罹り、赤十字病院に入院
同　二五	一九五〇	九三	アメリカの「日本問題審議会」の招待により五月一六日渡米、六月二七日帰国〇九月末、慶応病院へ入院、白内障の手術を行う
同　二七	一九五二	九五	一月重病に陥ったが、二月危機を脱す〇八月、国会解散さる〇第二十五回総選挙
同　二八	一九五三	九六	三月、いわゆるバカヤロー解散〇四月十九日の第二十六回総選挙に初めて落選
同　二九	一九五四	九七	七月、衆議院名誉議員、十月初の東京都名誉都民となる〇一〇月六日、逝去

主要参考文献

『尾崎行雄全集』全十巻　清藤幸七郎編　昭和　二年　平　凡　社
『尾崎咢堂全集』全十二巻　金森徳次郎編　同　三一年　公　論　社
『尾　崎　行　雄　伝』　伊佐　秀雄著　同　二五年　尾崎行雄伝刊行会
『尾崎行雄物語』　真下　五一著　同　二六年　目　黒　書　店
『人間尾崎行雄』　高野清八郎著　同　二八年　新　使　命　社
『咢　堂　言　行　録』　石田　秀人著　同　二八年　時　局　社
『人間おザキゆキヲ』　石田　正一著　同　三四年　公　論　社
『伊　藤　博　文　伝』全三巻　金子堅太郎編　同　一五年　統　正　社
『山　県　有　朋　伝』全三巻　徳富　蘇峰編　同　八年　山県有朋伝刊行会
『大隈公八十五年史』全三巻　中島　謙吉編　同　五年　大隈公八十五年史編纂会
『加　藤　高　明　伝』　同　三年　加藤高明伝刊行会
『犬　養　毅　伝』　鵜沢　鷺城著　同　七年　誠　文　堂

『原敬伝』全二巻　前田蓮山著　同一八年　高山書院

『陶庵公』　竹越与三郎著　同五年　叢文閣

『日本政党史』　林田亀太郎著　同二年　講談社

『自由党史』全二巻　宇田友猪・和田三郎編　明治四三年　五車楼

『日本憲政史大綱』全三巻　尾佐竹猛著　昭和一三年　日本評論社

『明治史研究』　渡辺幾治郎著　同一九年　共立出版社

著者略歴

明治三十七年生れ
昭和二年明治大学専門部政経科卒業
中外商業新報・国民新聞記者、読売新聞論説委員、尾崎行雄記念財団常務理事等を歴任
昭和四十五年没

主要著書
尾崎行雄伝　尾崎行雄―その人と思想―　世紀の人々　人物記　少年経済ものがたり

人物叢書　新装版

尾崎行雄

昭和三十五年　六月二十日　第一版第一刷発行
昭和六十二年　七月　一日　新装版第一刷発行
平成　四　年十一月二十日　新装版第二刷発行

著　者　伊佐秀雄（いさひでお）
編集者　日本歴史学会
代表者　児玉幸多
発行者　吉川圭三
発行所　株式会社　吉川弘文館
東京都文京区本郷七丁目二番八号
郵便番号一一三
電話〇三―三八一三―九一五一〈代表〉
振替口座東京〇―二四四
印刷＝平文社　製本＝ナショナル製本

『人物叢書』(新装版)刊行のことば

人物叢書は、個人が埋没された歴史書が盛行した時代に、「歴史を動かすものは人間である。個人の伝記が明らかにされないで、歴史の叙述は完全であり得ない」という信念のもとに、専門学者に執筆を依頼し、日本歴史学会が編集し、吉川弘文館が刊行した一大伝記集である。

幸いに読書界の支持を得て、百冊刊行の折には菊池寛賞を授けられる栄誉に浴した。

しかし発行以来すでに四半世紀を経過し、長期品切れ本が増加し、読書界の要望にそい得ない状態にもなったので、この際既刊本の体裁を一新して再編成し、定期的に配本できるような方策をとることにした。既刊本は一八四冊であるが、まだ未刊である重要人物の伝記についても鋭意刊行を進める方針であり、その体裁も新形式をとることとした。

こうして刊行当初の精神に思いを致し、人物叢書を蘇らせようとするのが、今回の企図である。大方のご支援を得ることができれば幸せである。

昭和六十年五月

日本歴史学会

代表者 坂本太郎

〈オンデマンド版〉
尾崎行雄

人物叢書　新装版

2020年（令和2）11月1日　発行

著　者　伊佐秀雄（いさひでお）

編集者　日本歴史学会
代表者　藤田　覚

発行者　吉川道郎

発行所　株式会社　吉川弘文館
〒113-0033　東京都文京区本郷7丁目2番8号
TEL　03-3813-9151〈代表〉
URL　http://www.yoshikawa-k.co.jp/

印刷・製本　大日本印刷株式会社

伊佐　秀雄（1904～1970）

ISBN978-4-642-75087-5